Rainer Lagoni

Ländergrenzen in der Elbemündung und der Deutschen Bucht

VERÖFFENTLICHUNGEN
DES INSTITUTS FÜR INTERNATIONALES RECHT
AN DER UNIVERSITÄT KIEL

Herausgegeben von Prof. Dr. Wilhelm A. Kewenig

86

Ländergrenzen in der Elbemündung und der Deutschen Bucht

Verfassungsgeschichtliche, staats- und völkerrechtliche Aspekte des Zwischenländerrechts

Von

Rainer Lagoni

DUNCKER & HUMBLOT / BERLIN

Gedruckt 1982 bei Vollbehr u. Strobel, Kiel
Printed in Germany
ISBN 3 428 05240 4

Vorwort

Mehr als drei Jahrzehnte nach der Entstehung der Bundesrepublik Deutschland gibt es zwischen einigen ihrer Länder im Bereich der Elbemündung und in der Deutschen Bucht noch Grenzprobleme, die Gebiete von nicht unerheblichem Umfang betreffen. In der Niederelbe vor Cuxhaven ist zwischen Schleswig-Holstein und Niedersachsen der Verlauf der gemeinsamen Landesgrenze ungeklärt. Im Wattenmeer (wo sich links der Außenelbe auch eine Hamburger Exklave befindet) und im anschließenden Küstenmeer fehlt überhaupt eine Grenze Schleswig-Holsteins zu Niedersachsen bzw. Hamburg. Auch die Zuständigkeitsgrenzen der Bundesländer auf dem Festlandsockel der Nordsee sind noch nicht festgelegt worden.

Diese Grenzprobleme haben bisher allenfalls die zuständigen Länderbehörden und einige Kartographen beschäftigt. Einer breiteren Öffentlichkeit wurden sie erst 1980 bekannt, als sich im Zusammenhang mit der Entdeckung einer Erdöllagerstätte im Wattenmeer und eines Erdgasvorkommens auf dem Festlandsockel der Deutschen Bucht ihre praktische Bedeutung abzeichnete. Die deutsche Staatsrechtswissenschaft hat sie weitgehend unbeachtet gelassen, obwohl gerade Grenzprobleme in unserer föderativen Verfassungsordnung wichtige Rechtsfragen des Zwischenländerverhältnisses in besonderer Deutlichkeit aufwerfen. Dies sind Fragen der Rechtskontinuität, des sog. bundesfreundlichen Verhaltens und des analogen Rückgriffs auf das Völkerrecht zwischen den deutschen Bundesländern. Sie bilden zwar den Schwerpunkt der folgenden Untersuchung, ruhen dabei aber auf einem verfassungsgeschichtlichen Sockel, ohne den das erforderliche Problemverständnis nur zu leicht unhistorisch und oberflächlich bliebe.

Den nachfolgenden Ausführungen lag ursprünglich ein Vortrag zugrunde, den ich im Januar 1981 auf den 31. Kieler Universitätstagen halten durfte. Entgegen der nicht nur unter Juristen verbreiteten Vorstellung, daß allein eine abstrakte und nüchterne Darstellung einen hohen Grad der Objektivität und Wissenschaftlichkeit gewährleiste, legte ich jenem Vortrag den Gedanken einer imaginären Reise zugrunde, die von Hamburg den Fluß hinunter durch das schöne Land der Niederelbe über die Nordsee nach Helgoland führte. Wenn ich hier zugunsten einer vertieften Erörterung der staatsrechtlichen und verfassungsgeschichtlichen Probleme von einer Reisebeschreibung abgesehen habe, so ist der Leser dennoch wieder eingeladen, sich in Gedanken zu einer Reise entlang der aufeinanderfolgenden Grenzabschnitte einzuschiffen. Es will mir scheinen, daß auf diese Weise die geographischen und geschichtlichen Grundlagen dieses Grenzproblems auch für den mit der Gegend weniger Vertrauten anschaulicher werden. Außerdem wäre zu wünschen, daß dabei wenigstens in Umrissen der kulturelle Zusammenhang deutlich wird, der jene Landschaft mit ihrer Geschichte und ihrer staats- und verfassungsrechtlichen Ordnung verbindet.

Obwohl mir dies offensichtlich zu sein scheint (und eine Erwähnung deswegen überflüssig sein sollte), gebietet die politische Erfahrung dennoch den Hinweis, daß die hier behandelten Grenzfragen sachlich und rechtlich nichts mit dem bekannten Streit zwischen der Bundesrepublik und der DDR über den Grenzverlauf in dem Elbeabschnitt zwischen Schnackenburg und Lauenburg (km 472,6 bis 566,3) zu tun haben. Auch sind die hier verwendeten Argumente nicht auf jenes andersgelagerte Problem der deutsch-deutschen Grenze anzuwenden.

Die Anregung zu diesem Thema erhielt ich durch Herrn Dr. jur. Volkram Gebel vom Innenministerium des Landes Schleswig-Holstein. Ihm verdanke ich auch einige nicht allgemein zugängliche Informationen und Quellen. Zu danken habe ich ferner dem Institut für Angewandte Geodäsie in Frankfurt am Main für die Genehmigung zur Veröffentlichung der im Anhang beigefügten Karte. Es freut mich besonders, daß Herr Professor Dr. Wilhelm A. Kewenig diese aus meiner Tätigkeit am Institut für Internationales Recht hervorgegangene Schrift in die Veröffentlichungsreihe des Kieler Instituts aufgenommen hat. Ich danke ihm dafür und möchte wünschen, daß sie einen Eindruck von der fächerübergreifenden Breite der dort geleisteten Arbeit geben möge. Dank schulde ich schließlich auch Herrn Ministerpräsident Dr. Gerhard Stoltenberg für einen Druckkostenzuschuß, der das Erscheinen dieser Arbeit erleichtert hat.

Die Untersuchung ist im wesentlichen im Oktober 1981 abgeschlossen worden. Nachträgliche Entwicklungen konnten nur noch vereinzelt in den Anmerkungen berücksichtigt werden.

Kiel, Ostern 1982 Rainer Lagoni

Inhaltsverzeichnis

I. Einleitung 11

II. Die Niederelbe als Strom des Reiches in vor-preußischer Zeit 16

1. Die kaiserliche Stromhoheit und die Hamburger Elbeprivilegien im Mittelalter und in der frühen Neuzeit 16
2. Hamburgs Stellung als Reichsstadt und die holsteinische Territorialpolitik im Bereich der Niederelbe 22
3. Die Entwicklung im 19. Jahrhundert bis 1867 29

III. Die Ländergrenze in der Niederelbe 39

1. Die Entstehung der Grenzlinie 39
2. Die Grenze von der Ostemündung bis Altenbruch . . . 44
3. Die Grenze von Altenbruch bis Cuxhaven-Döse 48

IV. Die Gebietshoheit im Wattenmeer 53

1. Die geographische und rechtliche Ausgangslage 53
2. Die Entwicklung der Gebietshoheit im Wattenmeer . . . 58
3. Die Zugehörigkeit des rechtselbischen Wattenmeers zu Schleswig-Holstein 63
4. Niedersächsische bzw. hamburgische Ansprüche auf das rechtselbische Wattenmeer 69

V. Die Ländergrenze in der Außenelbe 72

1. Die Grenzziehung als Zwischenländerproblem 72
2. Die Suche nach den Abgrenzungsregeln 74
3. Die entsprechende Anwendung des internationalen Flußrechts 84
   a) Zum Begriff der Analogie 84
   b) Die Grenzziehung im einzelnen 86

VI. Die Grenzziehung im Küstenmeer und auf dem deutschen Festlandsockel 91

1. Die Ländergrenze im Küstenmeer 91

2. Die Zuständigkeitsgrenzen der Bundesländer auf dem deutschen Festlandsockel 96

3. Die ergänzend anwendbaren Abgrenzungsnormen des Seerechts 101

4. Die Verhandlungs- und Kooperationspflicht 105

VII. Zusammenfassung 107

Abkürzungsverzeichnis

ALR	Allgemeines Landrecht für die preußischen Staaten von 1794
AöR	Archiv des öffentlichen Rechts
AVR	Archiv des Völkerrechts
BayVGH	Bayerischer Verwaltungsgerichtshof
BBergG	Bundesberggesetz
BGBl.	Bundesgesetzblatt
BVerfG	Bundesverfassungsgericht
BVerfGE	Entscheidungen des Bundesverfassungsgerichts
cap.	Kapitel
C.Rob.	Christopher Robinson's Reports of English Admirality Cases
DGV	Deutsche Gesellschaft für Völkerrecht
Diss.	Dissertation
DÖV	Die Öffentliche Verwaltung
Drucks.	Drucksache
DVBl.	Deutsches Verwaltungsblatt
E / Entsch.	Entscheidung
Erl.	Erläuterung
Ges.	Gesetz
Ges.Bl. DDR	Gesetzblatt der DDR
GG	Grundgesetz für die Bundesrepublik Deutschland vom 23. Mai 1949
GVBl. / GVOBl.	Gesetz- und Verordnungsblatt
GVG	Gerichtsverfassungsgesetz
Hamb. GVOBl.	Hamburgisches Gesetz- und Verordnungsblatt
Hans.	Hansisches
ibid.	ibidem
ICJ-Rep.	Reports of the International Court of Justice
i. d. F.	in der Fassung
IGH	Internationaler Gerichtshof
ILM	International Legal Materials
JZ	Juristenzeitung
Kap.	Kapitel
kgl. / königl.	königlich
Lit.	Litera
Martens N.R.	Martens Nouveau Recueil de Traités d'alliance, . . .
Martens N.R.G.	Martens Nouveau Recueil Général de Traités, . . .
Martens N.R.G.²	Martens Nouveau Recueil Général de Traités, . . . (2. Série)
Martens R.	Martens Recueil de Traités d'alliance, . . .
Martens R.²	Martens Recueil de Traités d'alliance, . . . (2e édition)
nds./nieders.	niedersächsisch
Nds.	Niedersachsen
Nds. GVBl.	Gesetz- und Verordnungsblatt (für Niedersachsen)
n. F.	neue Folge
N. f. S.	Nachrichten für Seefahrer
Österr. GBl.	Gesetzblatt der Republik Österreich
OVG	Oberverwaltungsgericht

pr./Pr./Preuß.	preußisch, Preußen
prGS	Preußische Gesetzessammlung
Rdn.	Randnummer
Ref.	Referat
ReichsVerwBl.	Reichsverwaltungsblatt
Rep.	Repositur
Rev.	Revue
RGBl.	Reichsgesetzblatt
RGZ	Entscheidungen des Reichsgerichts in Zivilsachen
SchGH	Schiedsgerichtshof
Schl.-H.	Schleswig-Holstein
schl.-h. GVOBl.	Gesetz- und Verordnungsblatt für Schleswig-Holstein
sm	Seemeile(n)
StAH	Staatsarchiv Hamburg
StGH	Staatsgerichtshof für das Deutsche Reich
StrO	Strandungsordnung des Reiches vom 17. Mai 1874
Tit.	Titel
UN	United Nations — Vereinte Nationen
UN-Doc.	Documents of the United Nations
Urt.	Urteil
VO	Verordnung
Vol.	Volume
VVDStRL	Veröffentlichungen des Verbandes der Deutschen Staatsrechtslehrer
VwGO	Verwaltungsgerichtsordnung
WaStrG	Bundeswasserstraßengesetz vom 2. April 1968
WRV	Weimarer Reichsverfassung vom 11. August 1919
ZaöRV	Zeitschrift für ausländisches öffentliches Recht und Völkerrecht
ZPO	Zivilprozeßordnung

I. Einleitung

Zwischen Hamburg und der etwa 90 km entfernten Stadt Cuxhaven an der Elbemündung ist die Niederelbe ein breiter, von Seeschiffen befahrener Strom. Obwohl sich sein Wasserstand unter dem Einfluß von Ebbe und Flut ständig verändert, ist der Fluß in diesem Abschnitt weitgehend gezähmt und verhältnismäßig stabil. Er wird durch Deiche in seinem Bett gehalten, seine Ufer sind befestigt und die künstlich auf einer bestimmten Mindesttiefe gehaltene Hauptschiffahrtsrinne folgt über weite Strecken ungefähr der Mitte des Stroms. Bei Cuxhaven läßt die Elbe das feste Land hinter sich, zwischen Inseln und Sandbänken des Wattenmeeres beginnt ihr eigentliches Mündungsgebiet. Dort verändert sich auch das Bild des friedlichen Stroms, der sich nicht mehr in ein festes Bett zwingen läßt. Nordwestliche Stürme und auflaufende Flut können die Elbemündung in ein auch von modernen Seefahrern gefürchtetes Gewässer verwandeln.

Für die Uferstaaten auf der holsteinischen und der niedersächsischen Seite des Flusses und für die Hansestadt Hamburg — auf deren Gebiet die „Niederelbe"[1] ihren Namen erhält — hat die Elbe bis heute einen Doppelcharakter bewahrt. Als Schiffahrtsweg verbindet sie die Territorien schon seit dem Mittelalter wirtschaftlich und kulturell miteinander, als Grenzfluß hat sie sie von jeher geographisch und politisch voneinander getrennt. Möglicherweise erklärt dieser Doppelcharakter des Flusses, warum Fragen nach dem Verlauf der Niederelbegrenze und der Grenzlinie im Wattenmeer, die — wie noch zu zeigen ist — seit Beginn unseres Jahrhunderts wiederholt zwischen den Ländern aufgetaucht sind, bisher auf sich beruhen blieben und die beteiligten Bundesländer dort, wo eine Antwort unvermeidlich wurde, statt einer grundsätzlichen Klärung der Grenzfrage pragmatische Einzellösungen vorzogen. Jedenfalls bestehen zwischen Schleswig-Holstein und Niedersachsen Meinungsunterschiede über ihre gemeinsame Grenze in der Niederelbe in dem Flußabschnitt zwischen der Einmündung der Oste (einem kleinen linkselbischen Nebenfluß oberhalb von Cuxhaven) und Cuxhaven-Döse.

Der Grenzverlauf seewärts von Cuxhaven bis zur Nordsee ist vollends ungeklärt. Dabei ist man sich auch über die Zugehörigkeit gewisser rechtselbischer Sandbänke nicht einig.

---

[1] Die Oberelbe spaltet sich im Gebiet des Landes Hamburg in die Norder- und Süderelbe. Von deren Zusammenfluß bis zur Mündung wird der Strom Nieder- oder Unterelbe genannt. Die beiden Mündungsarme im Wattenmeer werden auf alten Landkarten ebenfalls als Norder- bzw. Süderelbe bezeichnet.

Diese Meinungsunterschiede sind durch die Entdeckung einer Erdöllagerstätte im Elbmündungsbereich im Sommer 1980 erneut zum Leben erweckt worden. Die fündigen Bohrungen „Mittelplate"[2] liegen zwar eindeutig im schleswig-holsteinischen Wattenmeer, die höffigen geologischen Formationen ziehen sich aber bis Niedersachsen in den Raum Cuxhaven hinein. Nach Auffassung von Mineralöl-Geologen ist die Möglichkeit nicht von der Hand zu weisen, daß weitere Lagerstätten in einem etwa 240 qkm großen Gebietsstreifen entdeckt werden, dessen Zugehörigkeit zwischen den Ländern ungeklärt ist.

Freilich können auch diesmal die auftretenden Zuständigkeitsprobleme von den beteiligten Bundesländern unbeschadet der Grenzfrage im Vereinbarungswege gelöst werden. Teilweise würden diese Probleme wegen der gemeinsamen Zuständigkeiten der Bergbehörden für die Länder Niedersachsen und Schleswig-Holstein[3] nicht einmal ans Licht treten. Andere Probleme — wie beispielsweise die Verteilung der Förderabgaben in dem streitigen Gebiet — könnten die Länder nach dem Beispiel solcher Modelle regeln, die in der völkerrechtlichen Praxis für grenzüberschreitende Lagerstätten entwickelt worden sind[4]. Gegen ein erneutes Hinausschieben der Grenzfrage sprechen aber rechtliche und praktische Gründe: Erstens widerspräche eine Teilung des Förderzinses dem niedersächsisch / schleswig-holsteinischen Abkommen von 1954 über die gemeinsamen Bergbehörden und den fiskalischen Interessen des Landes, auf dessen Gebiet die Lagerstätten tatsächlich liegen[5]. Zweitens würde mit der Festlegung der schleswig-holsteinisch / niedersächsischen Grenze zugleich die immer noch nicht gezogene nordöstliche Grenze der hamburgischen Exklave im Wattenmeer der Elbemündung festgelegt werden. Drittens erscheint es sinnvoll, die Ländergrenzen in der Elbemündung mit jenen auf dem deutschen Festlandsockel abzustimmen. Die Aufteilung des Festlandsockels zwischen den Küstenländern ist ebenfalls erforder-

---

[2] Nach der erfolgreichen Bohrung „Mittelplate 1" ist im Frühsommer und Herbst 1981 durch die Bohrungen „Mittelplate" Nr. 2 und 3 die Ausdehnung des Feldes nach Süden und Norden bestätigt worden. Allerdings sind Zweifel an der Qualität des Öls aufgetaucht, vgl. *Frankfurter Allgemeine Zeitung* vom 17. Oktober 1981, S. 16.

[3] Vgl. die schl.-h. VO über die Bergbehörden vom 18. Dezember 1954 (schl.-h. GVBl., S. 172) und das Abkommen zwischen Schleswig-Holstein und Niedersachsen vom 14. Oktober / 4. Dezember 1954 i.d.F. vom 16. April / 5. Mai 1964.

[4] Vgl. dazu das Zusatzabkommen vom 14. Mai 1962 zum Ems-Dollart-Vertrag von 1960 (BGBl. 1963 II, S. 652); *Hans D. Treviranus,* Der deutsch-niederländische Ems-Dollart-Vertrag, ZaöRV 23 (1963), S. 536 ff.; insgesamt zu diesem Fragenbereich *Rainer Lagoni,* Oil and Gas Deposits Across National Frontiers, AJIL 73 (1979), S. 215 ff.

[5] Der Förderzins von z. Z. 22 % des Wertes der Mineralien oder Kohlenwasserstoffe steht dem Bundesland zu, auf dessen Gebiet sie gefördert wurden, vgl. § 1 des erwähnten Abkommens (Anm. 3). Es kann ihn nach Inkrafttreten des BBergG ab 1. Januar 1982 bis auf 40 % erhöhen, vgl. §§ 31, 32 BBergG vom 13. August 1980 (BGBl. 1980 I, S. 1310).

lich geworden, nachdem man Ende 1980 bei Probebohrungen etwa 60 km westlich von Helgoland auf eine wirtschaftlich offenbar nicht uninteressante Erdgaslagerstätte gestoßen ist.

Ländergrenzen, d. h. Grenzen zwischen Gliedstaaten der Bundesrepublik, werden ebenso wie gewöhnliche Staatsgrenzen normalerweise in zwei getrennten Schritten geschaffen, indem zuerst die rechtliche Festlegung der Grenzlinie in einem Vertrag oder durch einen anderen Rechtsakt — im Falle einer Provinzgrenze beispielsweise durch ein Gesetz — vorgenommen wird und danach die Grenzmarkierung (die physische Kennzeichnung der Grenzlinie auf der Erdoberfläche) mit Hilfe von Grenzmarken oder ähnlichen Mitteln erfolgt. Dabei unterscheidet man bei Grenzflüssen, d. h. Flüssen, deren gegenüberliegende Ufer zu verschiedenen Staaten bzw. Gliedstaaten eines Bundesstaates gehören, in der neuzeitlichen Praxis fünf verschiedene Arten von Grenzen:

1. Die *Streifengrenze*, bei welcher auf jedem Ufer eine Grenzlinie verläuft, während der Fluß dazwischen nicht zum Staatsgebiet der beiden Uferstaaten gehört.
2. Die *Ufergrenze*, die nur auf einem Flußufer verläuft, so daß der Strom in seiner ganzen Breite nur einem von zwei gegenüberliegenden Staaten gehört.
3. Die *Mittelliniengrenze*, bei welcher die Grenzlinie in der Mitte des Stromes (gemessen von beiden Ufern aus) verläuft.
4. Die *Talweggrenze*. Die Grenzlinie verläuft in der Mitte der Hauptschiffahrtsrinne. Wo diese innerhalb des Flußbettes meandriert, schneidet die Talweglinie die Mittellinie des Flusses.
5. *Willkürliche Grenzlinien*, die zwischen bestimmten, vereinbarten Brechpunkten verlaufen.

Grenzen werden nicht selten von geographischen Tatsachen bestimmt. Auch in Deutschland gibt es bekanntlich genügend Beispiele dafür, daß die Staats- oder eine Ländergrenze dem Lauf eines Flusses folgt. Grenzen stehen aber immer auch in einem bestimmten geschichtlichen Zusammenhang. Sie sind im allgemeinen erst im Zuge der Entwicklung des neuzeitlichen Territorialstaates entstanden, und ihr Verlauf ist vielerorts nur aus der Landesgeschichte zu erklären. Ähnlich wie das Völkerrecht trägt auch das Staats- und Verfassungsrecht den geographischen und historischen Entstehungsbedingungen moderner Grenzen auf verschiedene Weise Rechnung. Um dies für die Ländergrenze im Gebiet der Elbemündung deutlich zu machen, soll der Fluß zwischen Hamburg und der Nordsee in drei Abschnitte eingeteilt werden: Einen ersten Abschnitt der Niederelbe von der Hamburger Stadtgrenze flußabwärts bis zur Einmündung der Oste, in welchem der Grenzverlauf nicht streitig ist; an ihn schließt sich bis Cuxhaven-Döse ein zweiter Abschnitt der Niederelbe mit streitiger Grenze an; drittens, schließlich die Außenelbe bis zum deutschen Küstenmeer, an welches sich wiederum der Festlandsockel anschließt.

Es bietet sich an, die Entwicklung und Rechtsnatur der Niederelbegrenze in vor-preußischer Zeit zunächst am Beispiel der unstreitigen Grenze darzustellen (Kap. II), um auf diesem Wege den verfassungsgeschichtlichen Horizont der heutigen Meinungsverschiedenheiten in den streitigen Grenzabschnitten freizulegen. In dem folgenden kurzen Abschnitt bis Cuxhaven stehen Probleme der Entstehung und Weitergeltung der preußischen Provinzgrenze und der ehemaligen hamburgisch / preußischen Staatsgrenze im Vordergrund (Kap. III). Dieser Abschnitt der Niederelbe ist bei Altenbruch in sich noch einmal unterteilt. In der Außenelbe von Cuxhaven bis zum deutschen Küstenmeer liegt eine völlig andere Ausgangslage vor, denn im Wattenmeer existiert überhaupt noch keine Ländergrenze. Die Bundesländer haben für dieses Gebiet erheblich voneinander abweichende Vorstellungen über den rechtlich gebotenen Grenzverlauf. Um das streitige Gebiet räumlich einzugrenzen, ist dabei zuerst die Frage nach der gebietsrechtlichen Zugehörigkeit des Wattenmeeres zu beiden Seiten der Flußmündung zu untersuchen (Kap. IV). Auf diesem Wege lassen sich bestimmte Vorstellungen über den Grenzverlauf ausscheiden, die mit den geschichtlich gewachsenen Gebietsverhältnissen nicht zu vereinbaren sind. Erst danach kann die Frage nach den im Zwischenländerverhältnis anwendbaren Abgrenzungsregeln für die Außenelbe beantwortet werden (Kap. V). Im anschließenden Meeresgebiet (Küstenmeer und Festlandsockel) stellen sich andere Abgrenzungsprobleme, da jedenfalls für den Festlandsockel eine bestimmte Abgrenzungsmethode bundesgesetzlich vorgeschrieben ist (Kap. VI).

Wären die Probleme der Ländergrenzen im Elbmündungsbereich und in der Deutschen Bucht sozusagen eine staatsrechtliche Rarität von nur regionaler Bedeutung, würde sich eine grundsätzliche staats- und verfassungsrechtliche Untersuchung der mit ihnen verbundenen interföderativen Rechtsprobleme kaum lohnen. Daran würde auch die verwaltungspraktische und fiskalische Bedeutung der Grenze für die beteiligten Bundesländer nichts ändern. Aus rechtswissenschaftlicher Sicht gewinnen die Grenzprobleme aber unter zwei Gesichtspunkten eine allgemeine, über diesen Einzelfall hinausweisende Bedeutung. Erstens verdeutlicht der Streit um die vorhandene Grenze die Bedeutung der Verfassungsgeschichte auch für das im wesentlichen erst mit den deutschen Bundesländern entstandene und sich noch ständig weiterentwickelnde Zwischenländerrecht der Bundesrepublik. Denn beispielsweise erkennt auch diese junge Rechtsordnung, ähnlich wie dies vom Völkerrecht her bekannt ist, in Grenz- und Territorialfragen überkommene Rechtstitel an. Zweitens wird durch die Frage nach der künftigen Ländergrenze im Wattenmeer das dogmatische Problem aufgeworfen, welches Recht im Zwischenländerverhältnis eine bestimmte Rechtsfrage regeln soll, für die das geltende Staats- und Verfassungsrecht zwar generelle Prinzipien, aber keine einschlägigen Normen enthält. Hier ist also die im interföderativen Recht nicht seltene, in Praxis und Lehre gleichwohl noch nicht generell beantwortete Frage nach dem Rückgriff auf die einschlägigen Regeln des Völkerrechts gestellt. Auf die Bedeutung der Verfassungsgeschichte für das Zwischenländerrecht und auf Fragen der Geschichtlichkeit und Dogmatik dieser nur rudimentär entwickelten Teilrechtsordnung ist in der abschließenden Zusammenfassung (Kapitel VII) in genereller Weise zurückzukommen.

II. Die Niederelbe als Strom des Reiches in vor-preußischer Zeit

1. Die kaiserliche Stromhoheit und die Hamburger Elbeprivilegien im Mittelalter und in der frühen Neuzeit

In germanischer Zeit bildete der breite, wasserreiche Strom der Niederelbe im Siedlungsgebiet der Sachsen einen natürlichen Grenzsaum zwischen den rechtselbischen Nordalbingern (die ihren Namen von der Elbe herleiten) und anderen, links der Elbe siedelnden Sachsenstämmen. Schon damals hatte der Fluß für seine Uferbewohner eine doppelte Funktion, indem er ihnen als Fischgrund und Verkehrsweg diente und zugleich eine natürliche Grenze ihres Siedlungsgebietes war. Als germanischer Grenzsaum oder Grenzstreifen unterlag die Niederelbe ursprünglich keiner Hoheitsgewalt, und es gab keine gemeinsame Rechtsordnung für alle Anlieger und Benutzer des Flusses. Der rechtliche Status des Stroms war weder der einer im Gemeineigentum stehenden Allmende noch jener eines herrenlosen Gebietes im Sinne des römisch-rechtlichen *res nullius*, denn einerseits war die Nutzung des Stromgebietes frei und ungeregelt, andererseits fehlten überhaupt die rechtlichen und tatsächlichen Voraussetzungen für die Erstreckung der Gebietshoheit über den Fluß bzw. die faktische Inbesitznahme und Aneignung des Stromgebietes. Mit unseren neuzeitlichen Rechtsbegriffen läßt sich der Status der Niederelbe in germanischer Zeit nur ungenau als hoheitsfreies und in niemandes Eigentum stehendes Gebiet umschreiben[6].

Nach der Unterwerfung der Sachsen durch Karl den Großen wurde die Nordgrenze des karolingischen Reiches um die Wende vom 8. zum 9. Jahrhundert dem damaligen sächsischen Siedlungsraum entsprechend an die Eider zwischen Schleswig und Holstein verlegt. Dort verlief auch die Grenze des Heiligen Römischen Reiches Deutscher Nation, so daß die rechtselbischen Gebiete Dithmarschen, Holstein, Pinneberg und Stormarn, die später für lange Zeit in Personalunion mit Dänemark verbunden waren, immer zum alten Deutschen Reich gehörten. Die Niederelbe bildete also niemals die Reichsgrenze, sondern nur die Grenze verschie-

---

[6] Vgl. allgemein dazu *Hans F. Helmolt*, Die Entwicklung der Grenzlinie aus dem Grenzsaume im alten Deutschland, Historisches Jahrbuch, Bd. XVII (1896), S. 235 ff. *Helmolt* sieht den Wasserlauf der Grenzflüsse allerdings als *res nullius* an, S. 244.

dener Herrschaftsbereiche bzw. Territorien. Als schiffbarer Strom im Gebiet des alten Deutschen Reiches kam die Niederelbe im Mittelalter als „des Reiches Straße" unter die Hoheit des Reiches. Die kaiserliche Stromhoheit über schiffbare Flüsse wurde zuerst 1158 in der *Constitutio de regalibus* Kaiser Friedrichs I. festgelegt[7]. Es wird gelegentlich darauf hingewiesen, daß die Constitutio formell zunächst nicht in Deutschland eingeführt, sondern hier erst später mit den *libri feudorum* rezipiert worden sei[8]. Kaiser Friedrich I. selbst erteilte aber im Jahre 1189 der Stadt Hamburg ein Privileg[9], in welchem er u. a. die Zollfreiheit auf der Elbe von der Stadt bis zum Meer für hamburgische Schiffe und Waren gewährte, ein Befestigungsverbot im Abstand von zwei Meilen von der Stadt aussprach und Hamburg die Fischereigerechtigkeit in der Elbe zwei Meilen stromauf- und stromabwärts übertrug. Schon bei der Verleihung dieses ersten hamburgischen Elbeprivilegs war offensichtlich auch in Deutschland die kaiserliche Stromhoheit anerkannt. Spätere Kaiser haben die entsprechenden Elbeprivilegien „allein von Eigner bewegnüß und Römischer Kayserlicher Macht" (Kaiser Friedrich III., 1468)[10] oder mit ähnlichen Formeln begründet[11]. Auf die kaiserliche Stromhoheit nehmen beispielsweise auch ein Brief Hamburgs an den dänischen König und Herzog von Holstein Christian I. Bezug, der vom „frigen keiserliken Elffstrom" spricht, sowie eine holsteinische Äußerung von 1514, in welcher festgestellt wird, daß die Elbe nicht zum Gebiet des Herzogtums

---

[7] Vgl. *Heimbach,* Wasserrecht, in: Rechtslexikon, 14. Band, Leipzig 1860, S. 86, 123; *Richard Schröder,* Lehrbuch der deutschen Rechtsgeschichte, 7. Aufl. Berlin 1966, S. 580 f. *Hermann Conrad,* Deutsche Rechtsgeschichte, Bd. II, Karlsruhe 1966, S. 137.

[8] Das etwa um 1300 aufgeschriebene Görlitzer Landrecht sagt in Kap.XXXIV § 1 „wan iegelich vlizinde wazzir heizet des riches straze; dar umme ne suln die schif unde alliz daz in deme wazzir uf unde nidir vliuzit ne heinen zoln gebin", vgl. *C. G. Homeyer* (Hrsg.), Des Sachsenspiegels zweiter Theil nebst den verwandten Rechtsbüchern, Berlin 1844.

[9] Käysers Friderici I. Privilegium, so er der Stadt Hamburg im Jahre 1189. wegen des Elb-Zolls, und was deme mehr anhängt, ertheilt, in: *Johann Christian Lünig,* Des Teutschen Reichs-Archivs Partis Specialis IV. und letzte Continuation, Erster Theil, Leipzig 1714, Band XIII, S. 921, Nr. I. (zit. *Lünigs* Reichsarchiv, Bd. XIII).
Während die Hamburger Urkunde des sog. Barbarossaprivilegs als solche als eine Fälschung aus der Mitte des 13. Jahrhunderts erkannt ist, besteht innerhalb der Geschichtswissenschaft keine Einigkeit darüber, ob den Hamburgern nicht doch ein rechtskräftiges Privileg erteilt wurde; vgl. dazu *Heinrich Reincke,* Forschungen und Skizzen zur hamburgischen Geschichte, Hamburg 1951, S. 126 ff.; a. A. *Karl Jordan* in seiner Besprechung dieses Werkes, Hansische Geschichtsblätter, Bd. 71 (1952), S. 93. Vgl. ferner dazu Anm. 15.

[10] Käysers Friderici III. Privilegium vor die Stadt Hamburg, daß sie Mörder, ingleichen See- und Land-Räuber auf der See, Elbe, und wo sie derer sonst habhafft werden kan, greiffen, und nach Befinden, an Leib und Leben straffen darff, de Anno 1468, *Lünigs* Reichsarchiv, Bd. XIII, S. 952, Nr. XLV.

[11] Vgl. die in den Anmerkungen 16 u. 20 bis 22 erwähnten kaiserlichen Freibriefe.

Holstein gehöre[12]. Als *strata regia* stand der Fluß im Eigentum des Reiches, die landesherrliche Gewalt endete an seinen Ufern. So wies Kaiser Friedrich III. 1488[13] die Städte Lübeck und Hamburg an, einen von ihnen bei Gammerort an der Elbe errichteten Damm wieder zu beseitigen, um dem Strom „seinen rechten Gang" zu lassen „auf daß unser und des Reiches Eigenthumb" und die Flußregalien des beschwerdeführenden Herzogs von Braunschweig und Lüneburg und der „gemeine Nutz" am Fluß nicht beeinträchtigt werden. Die Landesherren konnten die Stromhoheit oder einzelne stromhoheitliche Rechte an den Flüssen des Reiches nur im Wege der Verleihung durch das Reich erwerben. Auf der Niederelbe bildete der sog. Brunshäuser Zoll wohl das älteste Beispiel eines Zollregals. Dabei handelte es sich um eine von den Stader Landesherren erhobene Schiffahrtsabgabe, die ursprünglich vor der Einmündung der Schwinge bei Stade auf dem Fluß erhoben wurde, später aber auch bei einem in Hamburg residierenden Stader Zöllner entrichtet werden konnte[14]. Das bereits im 11. Jahrhundert von Erzbischof Adalbert von Bremen verliehene Regal wurde von den deutschen Kaisern bestätigt. Allerdings befreite das Elbeprivileg Kaiser Friedrichs I. von 1189 hamburgische Schiffe und Waren von dieser Abgabe. In der Tat konnte Hamburg sich noch im späten 17. Jahrhundert gegenüber König Karl XI. von Schweden erfolgreich auf dieses Privileg berufen, als dieser nach dem Erwerb der Grafschaft Stade den Brunshäuser Zoll auch von Hamburger Schiffen erheben wollte[15].

---

[12] Hans. Urkundenbuch, Band X, Nr. 792. Vom „freyen Elbstrom" spricht z. B. auch das Privileg, welches Kaiser Maximilian II. 1569 den Hamburgern für den freien Verkehr auf der Oberelbe bis Magdeburg gewährte, *Lünigs* Reichsarchiv, Bd. XIII, S. 1004, Nr. LIX. Zum Schreiben Herzog Friedrichs von Schleswig-Holstein vgl. *Heinrich Reincke,* Hamburgische Territorialpolitik, Zeitschr. des Vereins für Hamburgische Geschichte, Bd. 37 (1939), S. 64, Fn. 118.

[13] Käysers Friderici III. Mandatum an die Städte Lübeck und Hamburg, daß sie die Verdammung der Elbe unterlassen sollen, de Anno 1488, *Lünigs* Reichsarchiv, Bd. XIII, S. 1345, Nr. XIV.

[14] Vgl. Bischoffs Hilleboldi zu Bremen Consens, daß Bürger und Einwohner zu Hamburg den sonst in Stade entrichteten Zoll hinfüro zu Bardesflet abtragen dörffen, de Anno 1268, *Lünigs* Reichsarchiv, Bd. XIII, S. 928, Nr. XIIX. Auch „Käysers Ferdinandi II. Confirmation des Neuenwercker- oder so genannten Werck-Zolls, so er der Stadt Hamburg im Jahr 1628, ertheilet" erwähnt „des Ertz-Stiffts Bremen Zoll zu Stade", vgl. *Lünigs* Reichsarchiv, Bd. XIII, S. 1123, Nr. LXXVII.

[15] Vergleichs-Puncten zwischen König Carolo XI. in Schweden, und der Stadt Hamburg, wegen des Königl. Schwedischen Stader-Zolles, auffgerichtet unterm dato Stade den 17. Martii 1691, *Lünigs* Reichsarchiv, Partis Specialis Continuatio II, Fortsetzung der andern Continuation (Pars II), Leipzig 1712, Bd. IX, S. 470, Nr. XXXVI. Der Vertreter des Papstes in Deutschland hatte das Barbarossaprivileg schon 1266 bestätigt, vgl. „Des Päbstlichen Legatens in Teutschland, Guidonis, Confirmation des von Käysers Friderico I. der Stadt Hamburg im Jahr 1189 ertheilten Privilegii, de Anno 1266", *Lünigs* Reichsarchiv, Bd. XIII, S. 927, Nr. XIV. Hingegen findet sich in den späteren kaiserlichen Privilegien merkwürdigerweise keine ausdrückliche Erwähnung des Freibriefs von 1189.

Die in rechtlicher, politischer und wirtschaftlicher Hinsicht bei weitem bedeutendsten stromhoheitlichen Rechte und Regalien wurden der Stadt Hamburg in den sog. Elbeprivilegien übertragen. Sie bildeten eine wesentliche Grundlage für Hamburgs Reichtum und Macht, denn sie garantierten die ungehinderte Schiffahrt auf der Elbe bis zur Nordsee und sicherten damit den Seehandel der Stadt. Die schon erwähnten Rechte und Befreiungen von 1189 wurden von späteren Kaisern mehrfach erweitert. Die Schiffahrt in der Niederelbe bedurfte zeitweilig insbesondere des Schutzes vor Piraten, die im Mündungsbereich des Stromes und auf Helgoland Unterschlupf fanden. Kaiser Karl IV. erteilte Hamburg 1359 den ersten Freibrief[16] zur Bekämpfung und Bestrafung der Seeräuber auf dem Meer und der Elbe. Zu verschiedenen Zeiten litt die Schiffahrt auch unter Übergriffen der Dithmarscher, die bis zu ihrer endgültigen Unterwerfung 1559 auf dem rechten Ufer der Elbemündung einen eigenen Bauernstaat besaßen[17], der zeitweilig unter formeller Oberhoheit des Erzbischofs von Bremen stand. Dieses Treiben der Untertanen des Bremer Erzbischofs gab dem päpstlichen Abgesandten in Deutschland 1265 Anlaß zu zwei Briefen gegen das See- und Strandräuberunwesen an der Niederelbe[18]. Als Römischer Kaiser, dem „von unser und des heiligen Reichs wegen unser und desselben Reichs Straßen zu Wasser und zu Lande allenthalben zu schützen und zu schirmen gebühret", erweiterte Friedrich III. in dem Seeräuber-Privileg von 1468[19] Hamburgs Polizei- und Strafgewalt über Seeräuber „auff dem Elb-Strohme und anderen Strömen und der See . . . als ob wir selber solche Mißthäter und übelthätig Leute suchten, fiengen, angrieffen, erlangten, schlügen . . .". Er bestätigte 1482 der Stadt „alle und jegliche ihre Freyheit, Gnad, Brieffe, Privilegia, Handfesten Recht, Gerechtigkeit, alt Herkommen und gute Gewonheit"[20]

---

[16] Käysers Caroli IV. Privilegium vor die Stadt Hamburg, daß sie diejenigen See-Räuber, so die Handlung auff dem Meer und Elbe hinderten, und die nach Hamburg wollende Schiffe beraubeten, auffsuchen, und in ihrem Territorio nebst allen Complicibus straffen solle, de Anno 1359, *Lünigs* Reichsarchiv, Bd. XIII, S. 938, Nr. XXXIII (dort irrtümlich unter dem Jahre 1355).

[17] Vgl. *R. Chalybaeus,* Geschichte Dithmarschens bis zur Eroberung des Landes im Jahre 1559, Kiel u. Leipzig 1888, passim; *Heinz Stoob,* Geschichte Dithmarschens im Regentenzeitalter, Heide 1959, passim; *Heinz Stoob,* Dithmarschen und die Hanse, Hansische Geschichtsblätter, Bd. 73 (1955), S. 117—145; *Otto Brandt,* (hrsg. von *Wilhelm Klüver*), Geschichte Schleswig-Holsteins, 7. Aufl., Kiel 1976, S. 138 f., 158 f. (zit. *Brandt / Klüver*).

[18] Des Päbstlichen Legatens in Teutschland, Guidonis, Diploma vor die Stadt Hamburg, die Bestraffung der See-Räuber betreffend, de Anno 1265, *Lünigs* Reichsarchiv, Bd. XIII, S. 926, Nr. XII; Des Päbstlichen Legatens in Teutschland, Guidonis, Breve an den Ertz-Bischoff zu Bremen, daß er in seiner Dioeces nicht gestatten solle, daß jemand die nach Hamburg gehenden Schiffe kräncken, oder die Schiffbruch Leidenden des ihrigen berauben solle, de Anno 1266, a. a. O., S. 927, Nr. XVI.

[19] s. o. Anm. 10.

[20] Käysers Friderici III. Privilegium, worinn er die den Grafen zu Barby, der Stadt Hamburg zum Nachtheil ertheilten Freyheiten cassiret und annulliret, auch iztgedachter Stadt alle und iede Privilegien bestätiget, de Anno 1482, *Lünigs* Reichsarchiv, Bd. XIII, S. 955, Nr. XLIIX.

und beseitigte zugleich gewisse Freiheiten der Grafen von Barby für den Elbhandel. Die hamburgischen Freiheiten und Gewohnheiten „zu Wasser und zu Land" wurden 1541 von Kaiser Karl V., 1621 von Kaiser Ferdinand II. und zuletzt 1660 von Kaiser Leopold I. bestätigt[21]. Während der Wirren des Dreißigjährigen Krieges ist die Niederelbe zeitweilig gesperrt worden. Anläßlich der von ihm angeordneten Aufhebung der Sperrung erteilte Kaiser Ferdinand II. 1628 Hamburg das sog. Große Elbeprivileg[22]. In diesem Freibrief wurde zugunsten der Stadt die Befestigung der Inseln und Flußufer zwischen Hamburg und der Nordsee und fünf Meilen elbaufwärts verboten, für hamburgische Schiffe die Zoll- und Schiffahrtsfreiheit bis in die offene See garantiert und der Stadt die Aufgabe übertragen, die Niederelbe „von allen Piratis, auch unser und des Reichs Feinden und widerwärtigen Schiffen, so viel sie vermögen, reine zu behalten, zu beschützen und zu defendieren". In einem Streit mit den Niederländischen Generalstaaten und England wandte sich der Hamburger Senat 1731 unter Berufung auf das Große Elbeprivileg hilfesuchend an Kaiser Karl VI., der die hamburgischen Rechte zwar anerkannte, der Stadt in der Sache aber nicht beistehen konnte[23].

Hamburg stützte seine Elbepolitik aber nicht nur auf die kaiserlichen Freibriefe, sondern versuchte sie auch durch eine eigene Territorial-

[21] Käysers Caroli V. General-Confirmation aller und ieder Privilegien und Freyheiten der Stadt Hamburg, de Anno 1541, *Lünigs* Reichsarchiv, Bd. XIII, S. 988, Nr. LIII; Käysers Ferdinandi II. Confirmation derer von Käyser Friderico III. der Stadt Hamburg im Jahr 1482. ertheilten Privilegien, de Anno 1621, a.a.O., S. 1120, Nr. LXXV; Käysers Leopoldi Confirmation derer von Käyser Friderico III. im Jahr 1482 der Stadt Hamburg ertheilten Privilegien, die Verführung der Waaren auff der Elbe betreffend, de Anno 1660, a.a.O., S. 1149, Nr. XCI; Käysers Leopoldi Confirmation derer von Käyser Ferdinando II. im Jahr 1621 der Stadt Hamburg confirmirten Privilegien Käysers Friderici III. wegen Verführung der Waaren auf der Elbe, de Anno 1660, a.a.O., S. 1151, Nr. XCII; Käysers Leopoldi Confirmation des von Käyser Ferdinando II. der Stadt Hamburg im Jahr 1628. ertheilten Privilegii, die freye Schiffahrth auf der Elbe betreffend, de Anno 1660, a.a.O., S. 1152, Nr. XCIII; Käysers Leopoldi Confirmation des von Käyser Ferdinando II. im Jahre 1628. der Stadt Hamburg, wegen des Neuenwercker-Zolls ertheilten Privilegii, de Anno 1660, a.a.O., S. 1153, Nr. XCIV.

[22] Käysers Ferdinandi II. Privilegium vor die Stadt Hamburg, daß von derselben an, biß in die offene See, ingleichen 5. Meilen oberhalb derselben, kein neuer Zoll, auch keine Festung oder Schantzen in und an der Elbe angelegt werden sollen, de Anno 1628, *Lünigs* Reichsarchiv, Bd. XIII, S. 1121, Nr. LXXVI. Vgl. zum Großen Elbeprivileg *D. H. Hegewisch,* Geschichte der Herzogtümer Schleswig und Holstein unter dem Oldenburgischen Hause, Dritter Theil, Kiel 1801, S. 263.

[23] In dem Streit ging es um das franz. Schiff *Marie-Armande* mit Waren der Österreichischen Kompanie von Ostende, die vertragswidrig aus Ostindien stammten. Karl VI. wies in seinem Rescript vom 1. Oktober 1732 die Stadt an, den Verkauf der Ladung zu verbieten. Dazu und zu dem ähnlichen Fall des preußischen Schiffs *Appollon,* vgl. *Rousset,* Recueil historique d'actes, négotiations, mémoires et traités, Tome VIII, La Haye 1734, S. 302—343, 479 ff.

politik[24] abzusichern. Zu diesem Zweck schloß es bereits 1316 mit dem Rat und Land zu Wursten einen Vertrag[25] zur gemeinsamen Verteidigung des bis heute erhaltenen Leucht- und Wehrturms auf der zur linken Hand des Flusses in der Elbemündung gelegenen kleinen Insel Neuwerk. Noch im gleichen Jahrhundert erwarb es seine Exklave Ritzebüttel[26], welche das Gebiet um Cuxhaven und die Insel Neuwerk einschließt. Die in der Flußmündung Dithmarschen gegenüberliegende Exklave erwies sich als geeigneter Stützpunkt zur Bekämpfung des See- und Strandräuberunwesens. Von dort aus konnte die Hansestadt ein Leuchtfeuer auf dem Neuwerker Turm unterhalten. Etwa seit 1450 begann sie den Fluß und sein Mündungsfahrwasser durch Seezeichen (Baken und Tonnen) zu sichern[27] und dafür einen Neuwerker Zoll zu erheben. Einen Freibrief zur Unterhaltung der Seezeichen auf dem Fluß und zur Erhebung dieses sog. Werck-Zolls erhielt die Hansestadt offenbar erst 1628 von Kaiser Ferdinand II.[28] Im Jahre 1660 bestätigte Kaiser Leopold I. dieses Privileg[29]. Der Freibrief von 1628 vermeldet war, daß „gleich anfangs dieses Wercks bis auf gegenwärtige Zeit von allen Seefahrenden Schiff- und Kauffleuten, welche aus der See auf die Elb, oder ab der Elb auf die See die Zollstatt zum Neuenwercke fürüberfahren, ein gewisser Zoll von etlich. hundert Jahren hero gefordert, und a loco der Neuenwercker- oder Werck-Zoll genennet, auch von Menniglichen bis hero ohnweigerlich entrichtet worden . . ." Als Begründung für den Neuwerker Zoll

---

[24] Vgl. *Reincke* (Anm. 12), S. 15; *Volquart Pauls,* Hamburgs Territorialpolitik in der Vergangenheit, Kiel 1922, S. 8 ff.

[25] Des Raths und Landes Wursten Vergleich mit dem Magistrat und Bürgerschaff zu Hamburg, die mutuelle Defension des Thurms, zum neuen Wercke genannt, betreffend, de Anno 1316, *Lünigs* Reichsarchiv, Bd. XIII, S. 933, Nr. XXIIX. Vgl. auch: Pabsts Bonifacii IX. Indultum, daß die Stadt Hamburg in dem Thurme, zum Neuen-Wercke genannt, einen Altar auffrichten, und daselbst Messe lesen, auch die heiligen Sacramenta austheilen lassen möge, de Anno 1395, *Lünigs* Reichsarchiv, Bd. XIII, S. 941, Nr. XXXVII. Zur Geschichte des 1299 errichteten Neuwercker Turms vgl. *Ferber,* Der Turm und das Leuchtfeuer auf Neuwerck, Zeitschr. des Vereins für Hamburgische Geschichte, Bd. 14 (1909), S. 1—36.

[26] Zum Erwerb der Insel Neuwerck und des Amtes Ritzebüttel vgl. *Reincke* (Anm. 12), S. 59 ff., 67 ff.; *Horst Tschentscher,* Die Entstehung der hamburgischen Elbhoheit (1189—1492), Zeitschr. des Vereins für Hamburgische Geschichte, Bd. 43 (1956), S. 3 ff., 19 ff.; *Pauls* (Anm. 24), S. 9; *Hans Werner Humburg,* Hamburgs Rechtsstellung in Cuxhaven, Hamburg 1955, S. 2 ff.

[27] *Reincke* (Anm. 12), S. 65, bezeichnet dies als anschaulichsten und dauerhaftesten Beweis der hamburgischen Elbeherrschaft. Zum Recht, auf der Elbe Seezeichen zu unterhalten, vgl. auch *Jacob Schuback,* Vom Strandrechte, Erster Theil, Hamburg 1767, S. 386 ff.; *Hegewisch* (Anm. 22), S. 263, 267; *N. Falck,* Handbuch des Schleswig-Holsteinischen Privatrechts, 2. Bd., Altona 1831, S. 444; *Tschentscher* (Anm. 26), S. 34 f. Zur Praxis ausführlich *Kurt Ferber,* Die Entwicklung des Hamburger Tonnen-, Baken- und Leuchtfeuerwesens, Zeitschr. des Vereins für Hamburgische Geschichte, Bd. 18 (1914), S. 1—103.

[28] s. o. Anm. 14.

[29] s. o. Anm. 21.

werden also der allgemeine Nutzen, die langandauernde Übung und die Anerkennung seitens der Seefahrenden genannt. Ferner wird in dem Privileg auf die hohen Kosten der Hansestadt für die Errichtung und Unterhaltung des Turms und der Seezeichen hingewiesen[30]. Alle Freiheiten, Rechte, Regalien und Gewohnheiten zusammen bildeten die Grundlage der von Hamburg seit der zweiten Hälfte des 15. Jahrhunderts beanspruchten sog. Elbehoheit[31].

2. Hamburgs Stellung als Reichsstadt und die holsteinische Territorialpolitik im Bereich der Niederelbe

Die in der kaiserlichen Stromhoheit wurzelnden Hamburger Elbeprivilegien bestimmten die rechtliche Entwicklung der Niederelbe als Grenzfluß und Strom des Reiches ganz wesentlich. Sie waren aber schon im Mittelalter nicht unumstritten, denn die Holsteiner Territorialherren sahen die Stadt als Teil ihres Gebietes an und versagten ihr noch bis in das 18. Jahrhundert die Anerkennung als Reichsstadt. In der Tat gehörte Hamburg als Hauptort der Grafschaft Stormarn ursprünglich zum Gebiet der Grafen von Holstein und Stormarn. Dementsprechend war das Elbeprivileg Kaiser Friedrichs I. von 1189 nicht der erzbischöflichen Altstadt Hamburg, sondern dem Holsteiner Grafen Adolf III. von Schauenburg für seine 1190 auf dem rechten Alsterufer errichtete gräfliche Neustadt verliehen worden[32]. Nach dem Zusammenschluß der erzbischöflichen Altstadt mit der gräflichen Neustadt im Jahre 1216 wuchs die durch gräfliche Privilegien geförderte Stadt aber schon unter den Grafen von Schauenburg wirtschaftlich und politisch aus der Grafschaft Holstein heraus und erlebte eine eigenständige Entwicklung[33]. 1377 erinnerte Kaiser Karl IV. die Stadt daran, daß die Grafen zu Holstein und Schauenburg noch ihre „Erb-Herren" seien und die Hamburger den Grafen mit „Huldigungen und anderen Sachen unterthänig" zu sein hätten[34]. Als Graf von Holstein und Stormarn bestätigte König Christian I.

---

[30] In dem Privileg Ferdinands II. von 1628 (Anm. 14) heißt es, daß die „besagte Statt Hamburg auf dem Elbstromb biß in die See, und also gantzer achtzehn Teutscher Meilweegs der heilsamen See-Fahrth zu Guthem, und dem allgemein handthierenden Schiff- und Kauffmann, die sonst ihrer Schiff und Gütter, ja wohl Leib und Lebens offtermals verlustig worden, zu hochnöthiger Anleitung unterschiedtliche grosse hohe Backen und Seetonnen mit langen Eisernen Ketten, zu Anzeige der Tieffe, mit grossen Unkosten zu viel tausend Thaler sich belauffendt jährlich unterhalten müssen".

[31] Vgl. *Tschentscher* (Anm. 26).

[32] Vgl. das Privileg (Anm. 9), sowie statt vieler *Brandt / Klüver* (Anm. 17), S. 89.

[33] Vgl. *Brandt / Klüver* (Anm. 17), S. 202.

[34] Käysers Caroli IV. Mandatum an die Stadt Hamburg, die an die Grafen zu Hollstein und Schauenburg zu leistende Erb-Huldigung betreffend, de Anno 1377, *Lünigs* Reichsarchiv, Bd. XIII, S. 940, Nr. XXXVI.

von Dänemark 1461 der Stadt „alle und jede Privilegien", wobei er sie — ähnlich wie dies in späteren holsteinischen Urkunden ständig geschah[35] — fortgesetzt „unser Stadt Hamborch"[36] nannte.

Aufgrund seiner den Niedergang der Hanse überdauernden wirtschaftlichen Stärke gelang es Hamburg im Laufe der Zeit, seine Unabhängigkeit von Holstein immer mehr zu festigen, während die Geschichte dieses Landes einen recht bewegten und teilweise verwirrenden Gang nahm. 1474 wurden die Grafschaften Holstein und Stormarn von Kaiser Friedrich III. zum Herzogtum Holstein erhoben[37]. Dithmarschen, welches Graf Adolf von Schauenburg schon 1190 von Kaiser Friedrich I. für seine Teilnahme am Kreuzzug als Lehen erhalten hatte, wurde dem Herzogtum einverleibt. Wie schon erwähnt, gelang die endgültige Unterwerfung der Dithmarscher erst 1559. Die an Hamburg grenzende Grafschaft Pinneberg wurde 1640 mit dem Herzogtum vereinigt. Durch seinen ersten Herzog, König Christian I. von Dänemark, war Holstein in Personalunion mit der Krone Dänemarks verbunden. Das Herzogtum wurde aber schon 1490 zum ersten Mal in einen königlichen und einen gottorfschen Teil aufgeteilt, die bis zur endgültigen Vereinigung beider Teile im Jahre 1721 zeitweilig von zwei Herzögen als Mitregenten regiert wurden, ohne daß die staatsrechtliche Einheit Holsteins dabei aufgegeben wurde. 1533 wurde zwischen den Herzogtümern Schleswig und Holstein und dem Königreich Dänemark die sog. Ewige Union, ein „immerwährender Bundesvertrag" mit gegenseitigen Beistandspflichten geschlossen, der die Herzogtümer unter Wahrung ihrer staatsrechtlichen Selbständigkeit an Dänemark band. Holstein gehörte als Reichslehen immer zum Heiligen Römischen Reich Deutscher Nation, während das Herzogtum Schleswig ursprünglich ein dänisches Lehen war.

Da Hamburg nach holsteinischer Auffassung einen Teil des Herzogtums bildete, bedurften die kaiserlichen Privilegien zugunsten der Stadt nach Meinung der Holsteiner Territorialherren jedenfalls ihrer Anerkennung, um wirksam zu sein. Der Streit um Hamburgs Stellung als Reichsstadt entzündete sich immer wieder von neuem an der Frage, ob

---

[35] Vgl. etwa den Erbteilungs-Rezeß Königs Friedrich II. von Dänemark und Herzogs Adolph zu Schleswig-Holstein von 1581: „Die Stadt Hamburg, und was für Gerechtigkeit wir und unser gottseeliger Vetter und Bruder darinne gehabt und von Rechtswegen haben mögen, soll hienführo uns und unsern Erben gemein seyn und bleiben". *Lünigs* Reichsarchiv, Partis Specialis Continuatio II, Der andern Continuation Zweyte Fortsetzung (Pars III), Bd. X, S. 51, Nr. XXIX.

[36] Königs Christierni I. in Dänemarck, Schweden und Norwegen, Confirmation aller und ieder Privilegien der Stadt Hamburg, de Anno 1461, *Lünigs* Reichsarchiv, Bd. XIII, S. 951, Nr. XLIV.

[37] Kaysers Friderici III. Diploma, worinn die Graffschaft Hollstein und Stormarn zum Herzogthum erhoben, und selbigem Ditmarschen einverleibt, und König Christianus I. in Dänemarck, als ein Herzog zu Hollstein damit beliehen worden, de Anno 1474, *Lünigs* Reichsarchiv, Bd. X, S. 24, Nr. XXVII.

Hamburg auf den Reichstagen Sitz und Stimme unter den Reichsstädten habe. Kaiser Maximilian I. und die versammelten Reichsstände versuchten 1510 auf dem Reichstag von Augsburg den Streit durch ein Dekret zu beenden, daß Hamburg „von langen Jahren hero, und auff diese Zeit hero" eine Reichsstadt gewesen sei[38]. Wie ihnen vom Kaiser und den Reichsständen in dem Dekret anheim gestellt worden war, wendeten sich die Holsteiner Herzöge mit einer Klage gegen den kaiserlichen Reichsfiskus und Hamburg an das Reichskammergericht, um den Status Hamburgs gerichtlich klären zu lassen. In diesem Verfahren erging nach „fast hundertjähriger Litispendenz . . . endlich im Jahre 1618 . . . in favorem der Stadt Hamburg, in dem Cammer-Gericht zu Speyer ein Urtheil"[39], welches Hamburgs Status als Reichsstadt bestätigte[40]. Noch während des schwebenden Verfahrens hatte der Kaiser gegenüber der Stadt ein Verbot ausgesprochen, den Herzögen Christian IV. von Dänemark und Johann Adolf zu Schleswig-Holstein-Gottorf zu huldigen, wogegen sich die Genannten 1603 in einem Revers wandten[41]. Obwohl die vom Herzogtum gegen das Urteil von 1618 eingelegte Revision vom Reichskammergericht nicht zugelassen wurde und der Streit um Hamburgs Status damit endgültig beigelegt sein sollte, schwelte der Konflikt zwischen Holstein und dem Reich weiter und brach anläßlich der Reichstage zu Regensburg 1640 und 1664 erneut auf[42]. Erst im Gottorfer Ver-

---

[38] Käysers Maximiliano I. und der gesamten zu Augspurg versammleten Reichs-Stände Decretum, daß Hamburg von uhralten Zeiten her eine Reichs-Stadt gewesen, de Anno 1510, *Lünigs* Reichsarchiv, Bd. XIII, S. 965, Nr. LI.

[39] So der Kommentar aus einem „Reichs-Hoff-Raths Gutachten über das von Röm. Käyserl. Majestät der Stadt Hamburg, im Jahr 1641. ertheilte Decretum, deren Votum und Sessionem auff dem Reichs-Tage betreffend, de Anno 1643", *Lünigs* Reichsarchiv, Bd. XIII, S. 1139, Nr. LXXXVI.

[40] Des Käyserlichen und H. Röm. Reichs Cammer-Gerichts zu Speyer Exemtions-Urtheil, worinn Hamburg vor eine freye Reichs-Stadt erkennet worden, de Anno 1618, *Lünigs* Reichsarchiv, Bd. XIII, S. 1106, Nr. LXXI.

[41] Revers Königs Christiani IV. in Dänemarck und Hertzog Johann Adolphs zu Schleswig-Holstein, wegen der Huldigung der Stadt Hamburg, daß solche weder der Röm. Kayserl. Majestät, dem heil. Röm. Reich, noch besagter Stadt praejudicirlich seyn solle, de Anno 1603, *Lünigs* Reichsarchiv, Bd. X, S. 53, Nr. XL.

[42] Im Steinburger Vertrag vom 18. Juli 1621 verpflichtete sich Hamburg gegenüber dem Königlich Dänischen und Fürstlich Schleswig-Holsteinischen Hause „pendente revisione, . . ., alles im alten Stand zu lassen", vgl. *Lünigs* Reichsarchiv, Bd. X, S. 62, Nr. XLVI. Anläßlich des Reichtstags zu Regensburg protestierten König Christian IV. von Dänemark und sein Mitregent Herzog Friedrich zu Schleswig-Holstein 1640 bei der Stadt Regensburg, die den Vorsitz des Kollegiums der Reichsstädte inne hatte, gegen eine Zulassung Hamburgs, *Lünigs* Reichsarchiv, Bd. X, S. 77, Nr. LIX. Der Holsteinische Protest gab Anlaß zu dem erwähnten Gutachten des Reichshofrats (Anm. 39) und zu einem abweisenden Beschluß des Kaisers: Der Röm. Käyserl. Majestät Resolution für die Königl. Dänischen Abgesandten, wegen der Stadt Hamburg im Jahre 1641. ertheilten Decretii, in puncto Sessionis & Voti, de Anno 1643, *Lünigs* Reichsarchiv, Bd. XIII, S. 1143, Nr. LXXXVII. Während der Neuauflage des Streites anläßlich des Reichstages von 1664 wurde die Auffassung der Holsteiner Herzöge vom Reich

gleich von 1768, in welchem die Stadt den Holsteiner Herzögen erhebliche Geldschulden erließ, wurde Hamburg vom Herzogtum als Kaiserliche Freie Reichsstadt anerkannt[43].

Unbeschadet des Streites um seinen Status als Reichsstadt ließ Hamburg es sich im Interesse seiner Elbeschiffahrt immer wieder angelegen sein, mit dem benachbarten Herzogtum Holstein auf gutem Fuß zu stehen. 1538 erhielt die Stadt vom Herzog von Holstein, Christian III. von Dänemark, einen Freibrief gegen das Strandrecht auf der Elbe[44], und anläßlich der erwähnten Huldigung von 1603 ließ sie sich von den Holsteiner Herzögen ihre Privilegien und Freiheiten und insbesondere die Zollfreiheit „zu Wasser und zu Land" bestätigen[45]. Besonders bemerkenswert an diesem Freibrief ist die etwas umständliche Klausel zur Befreiung der Hamburger Schiffahrt vom Strandrecht in der Elbe, welche offenbar noch von der uneingeschränkten kaiserlichen Stromhoheit ausgeht und den Elbestrom nicht als Gebiet des Herzogtums ansieht:

„Da es bei Sommers oder Winters Tagen sich zutrüge, daß Schiffe, welche die Elbe auf und absegeln, Sturmes, Eises oder anderer Noth halben in unsern Fürstenthumben, Landen und Gebieten bei der Elbe gelegen, strandeten, oder auf Sand, oder an Land zu sitzen, oder zu Schaden kämen, oder benöthiget würden, Hafen in denselben zu suchen, die Schiffe zu lassen, zu bessern, und also wiederumb in die Tieffe zu kommen, ihres Weges zu segeln, oder auch daselbst die Güther aufzuschiffen und zu retten, alsdann denselben solches nicht gehindert werden soll, sondern alles, was solcher Gestalt geschicht, soll ihnen frei stehen zu thun, ohne alle Verwürkung, Auflage und Beschwerde"[46].

Als in den Wirren des Dreißigjährigen Krieges der Niedergang der kaiserlichen Macht immer sichtbarer zutage trat, erhob das Herzogtum Holstein sehr bald Hoheitsansprüche über die Niederelbe. Zunächst gründete 1616 der tatkräftige Christian IV. von Dänemark als Herzog von Holstein auf dem rechten Ufer des Flusses zum Zwecke der Konkurrenz gegen das mächtige Hamburg die Festung Glückstadt. Die Stadt erwies sich schon 1627 für die sie belagernden Wallenstein'schen Truppen als uneinnehmbar. Das 1628 von Kaiser Ferdinand II. nach einer vor-

---

wiederum zurückgewiesen: Käysers Leopoldi Resolutio assecuratoria vor die Stadt Hamburg, ihre Immedietät und Sessionem & Votum auff dem Reichs-Tage betreffend, de Anno 1664, *Lünigs* Reichsarchiv, Bd. XIII, S. 1157, Nr. C; Käysers Leopoldi Resolution auf das Ansuchen der Königl. Dänisch- und Fürstlichen Hollsteinischen Gesandten, daß sie dem Reiche und der Stadt Hamburg von ihren Rechten nichts vergeben könten noch wolten, de Anno 1664, a.a.O., S. 1158, Nr. CI.

[43] Vgl. *Brandt / Klüver* (Anm. 17), S. 202.

[44] Deutscher Wortlaut auszugsweise bei *Jacob Schuback*, Vom Strandrechte, Zweyter Theil, Hamburg 1781, S. 160.

[45] Königs Christiani IV. in Dänemarck und Hertzog Johann Adolphs zu Schleswig-Hollstein Confirmation aller der Stadt Hamburg Privilegien und Freyheiten, insonderheit aller Zolle und Zollstädte, so sie im Gebrauch gehabt, und noch haben, de Anno 1603, *Lünigs* Reichsarchiv, Bd. X, S. 54, Nr. XLI.

[46] Ibid., S. 55.

übergehenden Sperrung der Niederelbe in dem Großen Elbeprivileg ausgesprochene Befestigungsverbot[47] für die Inseln und Ufer der Niederelbe zwischen Hamburg und der Nordsee blieb für Glückstadt ohne Wirkung. Auch in späteren Zeiten ließ Holstein dieses Verbot unbeachtet, als auf einer zum königlichen Teil des Herzogtums gehörenden Elbinsel zwischen Haseldorf und Hetlingen die sog. Hetteler Schanze errichtet wurde[48].

Noch deutlicher als in der Befestigungsfrage tritt in dem Streit um den Glückstädter Elbezoll die in der ersten Hälfte des 17. Jahrhunderts einsetzende Niederelbepolitik der Holsteiner Herzöge zutage. Christian IV. führte 1630 als Herzog von Holstein vor Glückstadt auf der Niederelbe aus eigener Macht einen Zoll ein, gegen den von Hamburg, den Niederländischen Generalstaaten und mehreren Ostseestädten protestiert wurde[49]. Im Jahre 1633 erhielt der Holsteiner Herzog von Kaiser Ferdinand II. zwar eine auf vier Jahre befristete Zollkonzession[50], der Kaiser beeilte sich aber 1635 nach entsprechenden Protesten Hamburgs und anderer zu versichern, daß diese Konzession mit dem Zeitablauf erlösche und nicht verlängert werde und daß die Rechte der Reichsstadt durch die Konzession nicht berührt seien[51]. Sein Sohn und Nachfolger Kaiser Ferdinand III. bestätigte dies 1637 auf dem Reichstag zu Regensburg erneut[52] und beschied im gleichen Jahre ein Gesuch des Herzogs von Holstein um Verlängerung des Glückstädter Zolls abschlägig[53]. In seiner Begründung wies er auf das Zugeständnis in seiner Wahlkapitulation hin, Zölle nur mit Zustimmung des Kurfürstenkollegiums zu verlängern.

---

[47] s. o. Anm. 22.

[48] In dem VI. Separatartikel des im Jahr 1700 am Anfang des Nordischen Krieges zwischen den Holsteiner Herzögen Friedrich IV. von Dänemark und Friedrich von Schleswig-Holstein-Gottorf geschlossenen Traventaler Friedens gestand der erstere zu, innerhalb von zwei Monaten „dem Elb-Commercio zum besten, die in solchem Strohm belegene so genannte Histler-Schantze wegtun und demolieren zu lassen sich gefallen lassen wolten", *Lünigs* Reichsarchiv, Bd. X, S. 248, Nr. CXIV. Die Schanzen waren aber noch bis in das 19. Jahrhundert in Karten verzeichnet. Die schon in Karten des 17. Jahrhunderts als Teil des Herzogtums verzeichnete Elbinsel ist heute mit dem holsteinischen Ufer verbunden.

[49] Vgl. *Hegewisch* (Anm. 22), S. 263 ff., *J. H. W. Verzijl*, International Law in Historical Perspective, Part II, Leyden 1970, S. 162.

[50] Vgl. dazu: Kaysers Ferdinandi III. Patent, worinn die Glückstädtische Zolls-Concession uf der Elbe aufgehoben worden, de Anno 1640, *Lünigs* Reichsarchiv, Bd. X, S. 78, Nr. LX.

[51] Decretum Assecuratorium Kaysers Ferdinandi II. daß der dem König Christiano IV. in Denemarck auf dem Elb-Strom zu Glückstadt auf vier Jahr lang bewilligte Zoll nicht länger dauren, und der Stadt Hamburg an ihren Privilegien deswegen kein Abbruch geschehen solle, de Anno 1635, *Lünigs* Reichsarchiv, Bd. X, S. 69, Nr. LII.

[52] Vgl. das Patent von 1640, Anm. 50.

[53] Kaysers Ferdinandi III. Resolution, welcher Er denen Königl. Dänischen Gesandten wegen Prorogation des Glückstädtischen Zolles ertheilet, de Anno 1637, *Lünigs* Reichsarchiv, Bd. X, S. 73, Nr. LVI.

Dieses hatte die Verlängerung des Glückstädter Zolls auf dem Reichstag aber abgelehnt. Da der Holsteiner Herzog aber dennoch weiterhin den Glückstädter Zoll erhob, sah der Kaiser sich 1640 veranlaßt, in einem Patent die Aufhebung dieses Zolls festzustellen und dem Herzog die weitere Erhebung zu untersagen[54]. Christian IV. ließ sich dadurch aber nicht beeindrucken, sondern erhob auch weiterhin den Zoll. Erst 1645 sicherte er Hamburg in der Resolution von Hadersleben[55] die Zoll- und Schiffahrtsfreiheit vor Glückstadt zu und erkannte auch das Recht der Stadt zur Unterhaltung der Seezeichen auf der Niederelbe an. Noch im gleichen Jahr mußte er auch den Schweden im Frieden von Brömsebro[56] die Zollfreiheit vor Glückstadt zugestehen. In den Verträgen von Whitehall (1660/61)[57] und Kopenhagen (1670)[58] gewährten Friedrich III. bzw. Christian V. von Dänemark als Herzöge von Holstein England die Zoll- und Schiffahrtsfreiheit für die holsteinischen Niederelbehäfen. Auch später verfügten die Holsteiner Herzöge über die Zoll- und Schiffahrtsrechte vor den holsteinischen Elbehäfen. So gestand beispielsweise 1762 der dänische König als Herzog von Holstein den Hamburger Bürgern gegen Gewährung eines beträchtlichen Darlehens Gleichbehandlung mit den Niederländern auf der Niederelbe zu[59].

In Kriegszeiten machte sich die Hoheitsausübung der Holsteiner Landesherren über den Fluß besonders einschneidend bemerkbar. Als Herzog von Holstein scheute sich Christian V. von Dänemark in verschiedenen Auseinandersetzungen mit Hamburg nicht, hamburgische Schiffe auf der Elbe aufzubringen[60]. Unter Christian VII. wurde im März 1801 während der kriegerischen Auseinandersetzungen zwischen England und dem während der französischen Revolutionskriege neutralen Dänemark die gesamte Niederelbe für englische Schiffe gesperrt[61]; ferner wurden die

---

[54] Vgl. das Patent von 1640, Anm. 50.

[55] Danmark-Norges Traktater 1523—1750, Bd. IV (1917), S. 354. Die Resolution vom 17. November 1645 findet sich auszugsweise bei *Reincke* (Anm. 12), S. 102, Fn. 218.

[56] Art. XVII des Friedens von Brömsebro von 1645, *Lünigs* Reichsarchiv, Bd. X, S. 85, Nr. LXIII.

[57] *Hertslet,* Commercial Treaties, Vol. I, S. 179.

[58] *Hertslet,* Commercial Treaties, Vol. I, S. 185. Vgl. auch die Novation beider Verträge durch Art. XIII des Kieler Friedens von 1814.

[59] Leih- und Freundschafts-Vergleich zwischen der Krone Dänemark und der Stadt Hamburg den 30. Jun. 1762, Art. III, *Martens* R. IV, S. 579.

[60] Vgl. die Freigabeerklärungen in Art. IV des Pinneberger Rezesses: Pinnebergischer Interims-Recess zwischen König Christiano V. in Dännemarck, und der Stadt Hamburg, de Anno 1679. nebst besagter Stadt unterthänigsten Declaration gegen den König, *Lünigs* Reichsarchiv, Bd. X, S. 214, Nr. XCVI; ferner: Königs Christiani V. in Dännemarck Declaration gegen die Stadt Hamburg, worinn sie die wieder dieselbe gefaste Ungnade gäntzlich fallen lassen, de Anno 1686, *Lünigs* Reichsarchiv, Bd. X, S. 223, Nr. XCIX.

[61] Vgl. das Manifest des Prinzen von Hessen vom 28. März 1801, *Martens* R. 2 VII, S. 235.

Fahrwassermarken auf dem Fluß eingezogen und das Leuchtfeuer auf Helgoland gelöscht. Nach dem englischen Sieg über die dänische Flotte auf der Reede von Kopenhagen am 2. April 1801 wurde die „Neutralität" der Elbe aber alsbald wieder hergestellt[62]. Während der napoleonischen Kriege verhängte England im Mai 1806 eine Blockade über die Häfen des Kontinents von Brest bis zur Elbe, woraufhin Frankreich die Niederelbe im November 1806 in die Kontinentalsperre einbezog[63].

Der Ablauf der Ereignisse spiegelt deutlich den im 17. Jahrhundert einsetzenden Verfall der kaiserlichen Stromhoheit in der Niederelbe, der mit dem allgemeinen Niedergang der kaiserlichen Macht zusammenhängt. Hamburg erhielt in dieser Niedergangsphase 1628 zwar noch das Große Elbeprivileg vom Kaiser, es konnte sich der durch das Erstarken der Territorialmächte eingetretenen Veränderung der politischen Machtverhältnisse im Niederelberaum aber nicht entziehen und mußte die holsteinischen Ansprüche über den Strom anerkennen. Diese auch von anderen europäischen Mächten im Laufe des 17. Jahrhunderts anerkannten Ansprüche beruhen im Gegensatz zur alten kaiserlichen Stromhoheit auf der modernen Konzeption der Gebietshoheit, d. h. der tatsächlichen Beherrschbarkeit und bewußten Beherrschung des Flusses durch die Anrainerstaaten. Aus der Existenz territorialer Rechte an der Niederelbe im 17. Jahrhundert kann man aber nicht ohne weiteres schließen, daß die Anrainerstaaten den Fluß schon zu jener Zeit aufgeteilt und in ihr Territorium eingegliedert hätten. Im rechtsgeschichtlichen Schrifttum wird im allgemeinen zwar angenommen, daß der Prozeß der Unterwerfung der Reichsströme unter die Gebietshoheit der Anrainerstaaten bis zum Westfälischen Frieden von 1648 abgeschlossen war[64]. In der Niederelbe war die territoriale Zugehörigkeit einzelner Flußinseln in jener Zeit schon geklärt, eine bestimmte Grenzlinie läßt sich — wie im folgenden noch zu zeigen sein wird — aber erst in der zweiten Hälfte des 19. Jahrhunderts nachweisen. Landkarten des 17. und 18. Jahrhunderts zeigen den Verlauf der Ländergrenzen im Raum der Niederelbe gewöhnlich durch eine Grenzkolorierung der Uferlinien. Ausnahmsweise zeigt allerdings eine Karte des Amsterdamer Kupferstechers *N. Visser* eine im Strom verlaufende Grenzlinie[65]. Da sich eine entsprechende Grenzvereinbarung der Anrainerstaaten aber nicht nachweisen läßt, geht die Karte

---

[62] Vgl. den Notenwechsel bei *Martens* R. 2 VII, S. 246 f.

[63] Die Dokumente der Kontinentalsperre bzw. Blockade von 1806—1812 finden sich bei *Martens* N. R. I, S. 433—549.

[64] Vgl. *Conrad* (Anm. 7), S. 137.

[65] Holsatiae Ducatus vernacule. Das Herzogthum Holstein. Peraccurate divisus in ejusdem quator tractus sive partes, nempe in Ducatus Holsatiae propriae, Ditmarsiae Stormariae, et Wagriae, cum adjacentibus per Nicolaum Visser, Amstelodami, o. J. (17. Jahrhundert; Maßstab etwa 1 : 310 000; im Besitz der Landesbibliothek Kiel).

offenbar von einer vermuteten, nicht aber einer tatsächlich vereinbarten Grenzlinie aus. Eine entsprechende Vermutung für das Mittellinienprinzip hatte schon das ältere Naturrecht aus dem römischen Recht übernommen. Zusammenfassend wird man deshalb davon ausgehen können, daß in der Niederelbe bis zum Ende des 18. Jahrhunderts auf der Territorialhoheit der Anrainerstaaten bzw. der kaiserlichen Stromhoheit beruhende Rechte nebeneinander bestanden, während der gebietsrechtliche Status des Stroms und der Verlauf der Grenze ungeklärt waren.

3. Die Entwicklung im 19. Jahrhundert bis 1867

Während der napoleonischen Kriege gerieten auch die territorialen Verhältnisse im Niederelbegebiet in den Sog der europäischen Ereignisse. Nach dem Frieden von Tilsit kamen die linkselbischen Gebiete, d. h. das Kurfürstentum Hannover (welches 1719 in der Endphase des Nordischen Krieges im ersten Stockholmer Frieden die seit 1648 unter schwedischer Hoheit stehende Grafschaft Stade erworben hatte) und die hamburgische Exklave Ritzebüttel zunächst zu dem 1807 von Napoleon gegründeten Königreich Westphalen[66]. Durch den organischen Senatskonsult vom 13. Dezember 1810[67] wurden sie als Département Bouches-de-l'Elbe Teil des Französischen Kaiserreichs, bei welchem sie bis zum Ende der „Franzosenzeit" 1813 verblieben. Da das Königreich Dänemark das Herzogtum Holstein mit dem Inkorporationspatent vom 9. September 1806[68] in den dänischen Staat eingegliedert hatte, verlief in der Niederelbe also von 1810 bis 1813 die dänisch-französische Staatsgrenze. Allerdings blieb dies eine vorübergehende Episode, denn mit der Neuordnung der territorialen Verhältnisse des norddeutschen Raumes auf dem Wiener Kongreß von 1814/15 wurde auch an der Niederelbe im großen und ganzen die am Rande des Nordischen Krieges entstandene Territorialordnung wiederhergestellt. Das Herzogtum Holstein war ab 1815 Mitglied des Deutschen Bundes[69]. Die Gebiete auf dem linken Ufer gehörten mit Ausnahme der wiederhergestellten Hamburger Exklave Ritzebüttel zum Königreich Hannover.

Der Prozeß der Herausbildung moderner Küstenstaaten war nach einer in der Staats- und Verfassungsgeschichte weit verbreiteten Auffassung[70]

---

[66] Art. 19 des Friedensvertrages vom 7. Juli 1807, *de Clercq*, Recueil des Traités de la France, Bd. II (1803—1815), S. 207.

[67] *Martens* N. R. I, S. 346.

[68] Edikt Christians VII. vom 2. Sept. 1806, *Martens* R. 2 VIII, S. 512.

[69] Vgl. die Bundesakte vom 8. Juni 1815, *Martens* N. R. II, S. 353.

[70] Allgemein zur Herausbildung moderner Flächenstaaten mit bestimmten Grenzlinien vgl. *Herbert Krüger*, Allgemeine Staatslehre, Stuttgart, Berlin, Köln, Mainz 1966, S. 21 f.; *Helmut Quaritsch*, Staat und Souveränität, Frankfurt a. M. 1970, S. 115 f., 399 ff. Insbesondere zu den Flußgrenzen vgl. *Helmolt* (Anm. 6), S. 244; *Nicolae Kercea*, Die Staatsgrenze in den Grenzflüssen, Diss. Berlin 1916, S. 90 ff.

spätestens bei der Wiederherstellung der territorialen Verhältnisse im Zusammenhang mit dem Wiener Kongreß im wesentlichen abgeschlossen. Wie das Beispiel der Niederelbegrenze und die bis heute ungelöste Frage der Ländergrenze vor der Elbemündung zeigen, bedeutet dies aber nicht, daß damit überall schon feste Grenzlinien vorhanden sein mußten. Seit der Niederlegung der römisch-deutschen Kaiserwürde durch Franz II. und dem formalen Ende des Heiligen Römischen Reiches Deutscher Nation im Jahre 1806 gab es zwar keinen Inhaber der Stromhoheit über die schiffbaren Ströme des ehemaligen Reiches mehr, und die Territorialmächte hatten endgültig freie Bahn, ihre Gebietshoheit auch über diese Ströme auszudehnen. In der Tat beanspruchte beispielsweise das Königreich Dänemark 1810, während es Holstein inkorporiert hatte, die Hoheit über den Fluß vor Glückstadt, soweit die Kanonen der Festung reichten[71]. Insgesamt waren die Verhältnisse in der Niederelbe wegen der überkommenen Hamburger Rechte aber so verwickelt, daß eine einfache Aufteilung des Flusses zwischen den Anrainerstaaten problematisch war. Fest steht, daß die einzelnen, ursprünglich auf feudalrechtlicher Verleihung (bzw. nachträglicher Bestätigung) beruhenden stromhoheitlichen Rechte und Regalien mit dem Ende der kaiserlichen Stromhoheit 1806 nicht erloschen, sondern zunächst fortbestanden. So wurde beispielsweise der Brunshäuser (Stader) Zoll auch nach 1806 weiterhin erhoben, bis das Königreich Hannover 1861 im Vertragswege auf ihn verzichtete[72]. Die hamburgischen Rechte betreffend die Schiffahrts- und Zollfreiheit bis zur Nordsee wurden in den Jahren nach dem Wiener Kongreß schrittweise durch verschiedene Verträge der Elbestaaten gegenstandslos. Der Kongreß hatte versucht, den Gefahren, welche der Flußschiffahrt im Gebiet des alten Reiches nach dem Fortfall der kaiserlichen Stromhoheit seitens der Territorialmächte drohten, mit einem vertraglichen Nutzungsregime für die schiffbaren Ströme zu begegnen. Die in der Wiener Kongreßakte von 1815 niedergelegte sog. Verfassung der europäischen Flußschiffahrt[73] enthielt zwar keine speziellen Regelungen für die Elbe[74]. Für diese galten aber die allgemeinen Règlements pour la libre navigation des rivières[75], nach welchen die Handelsschiffahrt bis

[71] Vgl. *Thomas Wemyss Fulton,* The Sovereignty of the Sea, Edinburgh, London 1911, S. 652 Fn. 2.

[72] Vertrag vom 22. Juni 1861, *Martens* N. R. G. VII-1, S. 419.

[73] Wiener Kongreßakte vom 9. Juni 1815 (*Martens* N. R. II, S. 379), Art. 108—116; vgl. dazu *Ed. Engelhardt,* Du régime conventionnel des fleuves internationaux, Paris 1879, S. 77; *Pierre Orban,* Droit fluvial international, Paris 1895, S. 97 ff.; G. *Kaeckenbeeck,* International Rivers, London 1918, S. 37 ff.; *Lederle,* Das Recht der internationalen Gewässer, Mannheim, Berlin, Leipzig 1920, S. 76 ff., 158 ff.

[74] Vgl. die Sonderregelungen der Kongreßakte (Anhänge) für Rhein, Neckar, Main, Mosel u. a. (Anm. 73, S. 436, 447).

[75] Anhang zu Art. 108 f. der Kongreßakte (Anm. 73, S. 434): Articles concernant la navigation des rivières qui dans leur cours navigable séparent ou traversent différens états.

zur Mündung frei sein, Zwangs- und Stapelrechte aufgehoben und gemeinsame Grundsätze für Zölle, Benutzungsgebühren und die Schiffahrtspolizei festgelegt werden sollten. Von den Elbestaaten gehörten allerdings nur Österreich, Preußen und Großbritannien (für Hannover) zu den Signatarmächten der Kongreßakte. Diese verpflichtete sie auch nur in Form eines pactum de contrahendo[76] zur Schaffung verbindlicher Völkerrechtssätze. Aber schon 1819 gründeten alle Anrainerstaaten der Elbe gemeinsam eine Elbschiffahrtskommission und unterzeichneten wenige Jahre später die Elbschiffahrtsakte vom 23. Juni 1821[77]. Diese legte die wesentlichen Flußschiffahrtsgrundsätze der Wiener Kongreßakte für die Elbe vertraglich fest. Allerdings behielten die Elbestaaten die Binnenschiffahrt zwischen ihren Flußhäfen (Kabotage) weiterhin ihren Staatsangehörigen vor. Der in ihrer Gebietshoheit wurzelnde Kabotagevorbehalt entfiel auch nicht mit der Einführung der allgemeinen Schiffahrtsfreiheit für Handelsschiffe *aller* Nationen (nicht nur der Vertragsstaaten) durch das Zusatzabkommen vom 13. April 1844[78]. Neben dieser multilateralen Nutzungsordnung bestanden zwischen den Anrainerstaaten auch bilaterale Vereinbarungen über die Schiffahrts- und Zollfreiheit[79], die erst mit der allgemeinen Schiffahrtsfreiheit von 1844 und der Beseitigung der letzten Elbzölle im Jahre 1870[80] aufgehoben wurden.

Seit dem Ende der kaiserlichen Stromhoheit fehlte auch die überkommene Legitimationsgrundlage für die stromhoheitlichen Rechte Hamburgs und der anderen Anrainerstaaten, sofern diese Rechte nicht (wie etwa die von Holstein beanspruchten) in der Gebietshoheit wurzelten. Insbesondere die sog. Hamburger Elbehoheit mußte auf eine neue, mit dem zwischenstaatlichen Recht jener Zeit übereinstimmende Grundlage gestellt werden. Als ein auch vom Staatsgerichtshof für das Deutsche Reich im Lübecker-Bucht-Fall[81] anerkannter Rechtstitel kommt in erster Linie die unvordenkliche Ersitzung der Rechte am Strom in Betracht. Die unvordenkliche Ersitzung ist bekanntlich nicht nur auf den Erwerb privater Rechte beschränkt, sondern kann auch einen wirksamen Erwerbsgrund für einzelne Hoheitsrechte oder sogar für ganze Gebiete bilden. Außer-

---

[76] Kongreßakte (Anm. 73), Art. 108.

[77] *Martens* N. R. V, S. 714; vgl. dazu *Martin Kriele*, Die Regulierung der Elbschiffahrt 1819—1821, Straßburg 1894, passim.

[78] *Martens* N. R. G. VI, S. 386, § 3.

[79] Vgl. z. B. den Handelsvertrag zwischen Preußen und Dänemark v. 17. Juni 1818 (*Martens* N. R. IV, S. 527), Art. IX: Inländergleichbehandlung und Schiffahrtsfreiheit für preußische Handelsschiffe vor Glückstadt und auf der Elbe; oder den Handels- und Schiffahrtsvertrag für die Elbe vom 13. Mai 1843 zwischen Dänemark und Hannover, *Martens* N. R. G. V, S. 292.

[80] Vertrag des Norddeutschen Bundes mit Österreich vom 22. Juni 1870 über die Aufhebung der Elbzölle, *Martens* N. R. G. XX, S. 345.

[81] Vgl. die Ausführungen des Staatsgerichtshofs für das Deutsche Reich zur Fischerei- und Schiffahrtshoheit im Lübecker-Bucht-Fall, RGZ 122, Anh. S. 1, 11 f.

dem kann neben der unvordenklichen Ersitzung auch der Rechtstitel der Anerkennung der überkommenen Rechte durch die anderen Elbestaaten und durch Drittstaaten als Grundlage der Hamburger Elbehoheit dienen. Während im einzelnen unstreitig war, daß die stromhoheitlichen Rechte nach dem Ende des alten Deutschen Reiches zur Disposition der Anrainerstaaten standen, welche — wie die zuvor erwähnte Vertragspraxis beweist — verschiedentlich über sie verfügten, blieb vorerst insbesondere das Problem der Rechtsnatur der Hamburger Elbehoheit ungeklärt. War diese Elbehoheit territorialer Natur oder besaß Hamburg lediglich bestimmte Nutzungsrechte am Strom? In der Tat beschäftigte sich die staats- und völkerrechtliche Lehre erst dann mit dieser Frage, als der größte Teil der Niederelbe infolge der preußischen Annexion des Königreichs Hannover und der Herzogtümer Schleswig und Holstein 1866/67 auf preußischem Gebiet verlief. Im Jahre 1888 sprach *Heinrich Geffcken*[82] in seiner Bearbeitung des bekannten Völkerrechtslehrbuchs von *Heffter* von der „Hoheit" der Stadt Hamburg über die Niederelbe bis zur Nordsee. Damit konnten durchaus zutreffend nutzungsrechtliche Hoheitsrechte gemeint sein. Unter Berufung auf *Geffcken* wollten einige Autoren[83] der Stadt dann aber irrtümlich territoriale Rechte im Sinne einer hamburgischen Gebietshoheit oder gar „Souveränität" über die Niederelbe zusprechen. Diese Auffassungen verkennen, daß die alte kaiserliche Stromhoheit keine auf der effektiven Beherrschung des Stromes beruhende moderne Gebietshoheit war und eine solche auch nicht im Wege einer Rechtsnachfolge zu begründen vermochte. Nach richtiger Auffassung wird man die Hamburger Elbehoheit daher als ein Bündel von öffentlichrechtlichen Nutzungsrechten anzusehen haben, die ursprünglich auf feudalrechtlicher Verleihung beruhend nach dem Ende des alten Deutschen Reiches auf der Grundlage der unvordenklichen Ersitzung weitergalten und nach der Einbeziehung des Stromes in das Gebiet der Anrainerstaaten Servituten[84] an fremdem Hoheitsgebiet bildeten.

---

[82] Vgl. *F. Friedrich Geffckens* Anmerkung in seiner Bearbeitung von *August Wilhelm Heffters* Europäisches Völkerrecht (8. Aufl. Berlin 1888, S. 173, Fn. 3), Hamburg habe durch unvordenklichen Besitz die „Hoheit" über das ganze Stromgebiet der Elbe von der Stadt bis zum Meer erworben.

[83] *Geffkens* Anmerkung wurde von *E. Caratheodory* als „Souveränität" mißverstanden, vgl. Das Stromgebietsrecht und die internationale Flußschiffahrt, in: *Frantz von Holtzendorff* (Hrsg.), Handbuch des Völkerrechts, 2. Bd., Hamburg 1887, S. 304, Fn. 5; desgl. *John Westlake,* International Law, Part I, Cambridge 1910, S. 145. Ebenso *Tschentscher* (Anm. 26), S. 3, der durch tatsächliche Rechtsausübung an fremdem Territorium erworbene und durch ein Kaiserprivileg nachträglich bestätigte „hamburgische Gebietshoheit" annimmt. Mißverständlich ist es auch, wenn von der „Auslandsqualität" der Elbe gesprochen wird, so aber *Lederle* (Anm. 73), S. 159/160 unter Berufung auf *Ed. Engelhardt,* Discussion des derniers actes conventionelles relatifs au régime des fleuves internationaux, Rev. de droit international, Vol. XIII (1881), S. 187, 192.

[84] Ebenso *Reincke* (Anm. 12), der die Hamburger Staatsservituten aber offenbar auf die Harderslebener Resolution von 1645 (Anm. 55) zurückführen will,

Als die preußische Annexion Hannovers und Holsteins weite Teile des Niederelberaumes unter preußischer Hoheit vereinigte, blieb Ritzebüttel an der Elbemündung weiterhin eine Hamburger Exklave. Die Verfassung des Norddeutschen Bundes vom 1. Juli 1867 schuf zwar von neuem eine den Ländern übergeordnete bundesstaatliche Macht, aber erst im Deutschen Kaiserreich von 1871 erhielt das Reich durch Art. 4 Ziff. 9 der Reichsverfassung wieder eine Zuständigkeit für die Gesetzgebung im Bereich der Schiffahrt sowie für den Zustand der „mehreren Staaten gemeinsamen Wasserstraßen". Es übte diese Zuständigkeit jedoch nicht aus. Nach Art. 97 der Reichsverfassung von 1919 gehörte es zu den Aufgaben des Reiches, „die dem allgemeinen Verkehre dienenden Wasserstraßen in sein Eigentum und seine Verwaltung zu übernehmen." Dies sollte im Wege einer Verständigung mit den Ländern erfolgen, da anderenfalls die Wasserstraßen und Seezeichen nach Art. 171 der Verfassung spätestens am 1. April 1921 von Verfassungs wegen auf das Reich übergehen würden. In der Tat gingen Restbestände der einstigen „Hamburger Elbehoheit", wie insbesondere das Recht zur Sicherung des Fahrwassers von der Stadt bis zur Nordsee durch Seezeichen, durch den auf der Grundlage des Art. 97 geschlossenen Staatsvertrag von 1921[85] auf das Reich über. *Gerhard Anschütz* nannte diese Revindikation der Wasserstraßen durch das Reich ein wenig pointiert eine „Zurücknahme des Enteignungsprozesses, den die Territorien einst im Mittelalter am alten Reich vorgenommen hatten"[86].

Angesichts dieses schwerlich als klar und eindeutig zu bezeichnenden Status der Niederelbe selbst kann es kaum überraschen, daß auch die Frage der Flußgrenze zwischen dem Königreich Hannover bzw. der Hamburger Exklave Ritzebüttel auf dem linken Ufer und dem Herzogtum Holstein auf dem rechten Ufer der Elbe für die Zeit vor der preußischen Annexion Hannovers und Schleswig-Holsteins 1866/67 nicht zweifelsfrei zu beantworten ist. Während für die Oberelbe zwischen Dömitz und Magdeburg zwischen Preußen und dem napoleonischen Königreich Westphalen schon am 14. Mai 1811 ein Grenz- und Schiffahrtsvertrag[87] geschlossen wurde, und Dänemark und Hannover in dem Rezeß vom

---

a.a.O., S. 103. Da sie auf unvordenklicher Ersitzung beruhen, ist der Vertrag aber nicht konstitutiv geworden.

85 RGBl. 1921, S. 962, mit Zusatzverträgen von 1922, RGBl. 1922 I, S. 222. Zu Hamburgs Elbekompetenzen vgl. *Hans Peter Ipsen*, Hamburgs Verfassung und Verwaltung, Hamburg 1956, S. 423 ff.; zur internationalen Rechtslage der Elbe *Herbert Krüger*, Die Rechtslage der Elbe, Hamburg 1974, S. 27 ff. Bezeichnenderweise berührte der Übergang der Rechte nicht den gebietsrechtlichen Status der Elbe.

86 *Gerhard Anschütz*, Die Verfassung des Deutschen Reiches, 14. Aufl. Berlin 1933, Art. 97, Anm. 5, S. 467 (unter Berufung auf *E. Kaufmann*).

87 Grenz- und Schiffahrtsübereinkommen vom 14. Mai 1811, *Martens* N. R. I, S. 382 (Art. I).

24. Juni 1826[88] für den Elbeabschnitt zwischen Lauenburg und Geesthacht eine Grenze vereinbarten, kam es erst 1863 anläßlich von Meinungsverschiedenheiten über die Hoheitsverhältnisse an dem bei Blankenese in der Elbe gelegenen Schweinesand zwischen diesen beiden Staaten zur Unterzeichnung des Blankeneser Protokolls vom 7. Juli 1863[89], welches für einen kurzen Abschnitt der Niederelbe u. a. eine Grenzvereinbarung enthält. Dieser bisher weitgehend unbekannt gebliebene Grenzvertrag wird nachstehend im vollen Wortlaut veröffentlicht, da er ein gewisses Licht auf die Frage der Niederelbegrenze in vor-preußischer Zeit wirft:

Nachdem sich im Laufe dieses Jahrhunderts unterhalb des Böhakens (Hannoverscher Seits Schweinesand genannt) zwischen Stoltenhörn und den Rißener Wiesen und zwischen Hinterbrack und der Wittenberger Werft ein Erdaufwurf in der Elbe, der Schweinesand, Hannoverscher Seits Steert des Schweinesandes genannt, gebildet hatte, welcher in den Jahren 1850 bis 1852 vom Strome durchbrochen und in zwei von einander getrennte Sande getheilt worden ist, und nachdem zwischen der Königlich Hannoverschen Regierung und der Königlich Dänischen Regierung über die Hoheits- und Eigenthums-Verhältniße dieser Sande Differenzen entstanden sind, haben die zu deren Erledigung bestellten Commißarien und zwar Königlich Hannoverscher Seits der Amtmann Meyer zu Jork und der Wasserbau-Inspector Strauch zu Buxtehude; Königlich Dänischer Seits der Justizrath Deich- und Wasserbaudirector Scheffer und der Canzleirath Senator Mölling Beide zu Altona den nachstehenden Vertrag verabredet und geschlossen

art. 1.

Sowol Königlich Hannoverscher, als Königlich Dänischer Seits wird davon ausgegangen, daß die in der Elbe entstehenden Erdaufwürfe oder Sande, in so weit dieselben innerhalb der Hannoverschen Hälfte des Stromgebiets liegen der Königlich Hannoverschen Regierung; so weit sie innerhalb der Dänischen Hälfte des Stromgebiets belegen sind, der Königlich Dänischen Regierung, als Domanial-Eigenthum zufallen und daß als die Halbirungslinie des Elbstromes für die Strecke von Böhaken (Schweinesand) bis zum untersten Schweinesande (Steert des Schweinesandes) die auf der angehefteten Charte mit rother Farbe verzeichnete Linie, welche den Wasserspiegel bei gewöhnlichem täglichen Hochwasser, der s. g. ordinairen Fluthhöhe, in zwei gleiche Hälften theilt, anzunehmen ist.

Diese Linie bildet hinsichtlich der obgedachten Strecke, somit selbstverständlich für die Folgezeit die Gränze sowol für die Hoheitsrechte, als auch für den Eigenthums-Erwerb durch Alluvion.

art. 2.

Da nun die beiden in Rede stehenden auf der angehefteten Charte mit „Schweinesand" bezeichneten Erdaufwürfe in ihrem gegenwärtigen Zustande mit Ausnahme eines kleinen Theils des obersten Sandes, bei gewöhnlichem täglichen Hochwasser dem Holsteinischen Ufer näher gelegen sind, als dem

---

[88] Haupt-Liquidations-Rezeß zwischen Dänemark und Hannover vom 24. Juni 1826 (*Martens* N. R. VII-1, S. 47), der in § 30 den Art. III des Übergabe-Rezeß vom 26. Juli 1816 ausführt, in welchem die Mittellinie als Staatsgrenze bestimmt war.

[89] Niedersächsisches Staatsarchiv Stade, Rep. 80 A Nachtrag Nr. 143.

Hannoverschen; also in der unter dem Hoheitsrechte der Königlich Dänischen Regierung befindlichen Hälfte der Elbe liegen, so sollen beide Sande bis auf den erwähnten Theil fortan Domanial-Eigenthum der Königlich Dänischen Regierung sein.

Es begiebt sich demnach die Königlich Hannoversche Regierung aller Ansprüche daran, sowol bezüglich der Landeshoheit als auch des Eigenthums.

art. 3.

Dagegen soll der in art. 2 erwähnte, auf der angehefteten Charte mit rothen Linien schraffirte Theil des obersten Sandes, welcher in derjenigen Hälfte der Elbe liegt, die dem Hoheitsrechte der Königlich Hannoverschen Regierung unterworfen ist; sowol hinsichtlich der Landeshoheit, als auch hinsichtlich des Eigenthumsrechts dieser Regierung zustehen und begiebt sich demnach die Königlich Dänische Regierung auch ihrerseits aller Ansprüche an diesem Theil sowol bezüglich der Landeshoheit, als auch des Eigenthums.

art. 4.

Die Ausdehnung dieses Theils ist aber zur Zeit so gering, daß eine gesonderte Benutzung desselben nicht mal thunlich erscheint und übernimmt die Königlich Dänische Regierung aus diesem Grunde bis weiter die Mitbenutzung desselben. Sie wird der Königlich Hannoverschen Regierung denjenigen Theil der aus dem ganzen Sande erzielten Einnahme alljährlich zustellen welcher dem jedesmaligen Größen-Verhältniße des Hannoverschen Antheils zum Ganzen in abgerundeten Zahlen entspricht und soll dies Verhältniß bis weiter zu 1/6 (ein Sechstel) angenommen werden.

Um indessen auch die gesonderte Benutzung dieses Sandes zu jeder Zeit, nach vorhergegangener jährlicher Kündigung, ohne weitere Verhandlung und Auseinandersetzung zu ermöglichen, ist die Begränzung dieses auf der Charte roth schraffirten Theils von beiderseitigen Ingenieuren gemeinschaftlich vorgenommen, indem die Gränzlinie mittelst dreier auf der angehefteten Charte verzeichneten, vierkantig bearbeiteten Sandsteinen von im Ganzen fünf Fuß Länge bezeichnet und von den Commißarien, nach stattgefundener Besichtigung als richtig anerkannt worden ist.

art. 5.

Die Genehmigung dieses in zwei Exemplaren ausgefertigten Vertrags bleibt den beiderseitigen Regierungen vorbehalten und treten die Bestimmungen desselben sofort, nach erfolgter Ratification in Kraft.

Zur Urkunde dessen haben die Commißarien diesen Vertrag am heutigen untergesetzten Datum in Blankenese unterschrieben und mit ihren Pettschaften untersiegelt.

So geschehen Blankenese, den 7. July 1863. (den siebenten Juli Achtzehnhundert drei und Sechzig.)

(Unterschriften).

Die beteiligten Regierungen gingen in Art. 1 des Vertrages also davon aus, daß in der Niederelbe zwar noch keine Grenze gezogen worden war, daß für die Feststellung der Hoheits- und Eigentumsansprüche an den Flußinseln aber das Stromgebiet durch eine „Halbierungslinie" in eine hannoversche und eine dänische (d. h. herzoglich-holsteinische) Hälfte geteilt wurde. Dabei setzten sie stillschweigend voraus, daß der Elbstrom zu ihrem jeweiligen Staatsgebiet gehörte. Für den im Vorspruch genannten Flußabschnitt sollte die in der Karte verzeichnete Mittellinie zukünftig die Grenze bilden. Allerdings trat das Protokoll von Blankenese niemals in Kraft. Nach einem Bericht der Landdrostei Stade an den Oberpräsidenten in Hannover vom 3. Mai 1870 stieß „dessen Ratification allerdings schließlich noch auf Schwierigkeiten (. . .) und (ist) in Folge der staatlichen Veränderungen gänzlich unterblieben"[90].

Das im Blankeneser Protokoll bestätigte Fehlen einer Grenzlinie in der Niederelbe bedeutet jedoch weder, daß der Fluß bis in die Neuzeit einen hoheitsfreien Grenzsaum bildete, noch daß er als Streifengrenze anzusehen war. Bei einer modernen Streifengrenze hätte das Stromgebiet unter der gemeinsamen, ungeteilten Gebietshoheit der Anrainerstaaten gestanden[91]; ein derartiges Kondominium bestand nach dem erwähnten Protokoll aber nicht. Davon abgesehen beruhen echte Streifengrenzen regelmäßig auf einem Vertrag, in welchem die gemeinsame Hoheitsausübung über den Grenzfluß vereinbart wird[92].

Schließlich entsprach die im Protokoll vorgesehene Aufteilung des Elbstroms nach dem Mittellinienprinzip auch bestimmten Regeln des internationalen Flußrechts über präsumptive Grenzen. Dabei handelt es sich um Rechtssätze, die eine Vermutung über den Verlauf der Grenzlinie enthalten, wenn in Grenzflüssen mit ungeklärten Grenzverhältnissen speziellere Grenzregelungen nicht nachzuweisen sind. Die Regeln des internationalen Flußrechts über präsumptive Grenzen waren nach dem Ende des alten Deutschen Reiches auch zwischen den ehemaligen Ländern des alten Reiches anzuwenden. Allerdings sind sie seit dem vorigen Jahrhundert zunehmend in Streit geraten. Bis zum Beginn des 19. Jahrhunderts galt für alle Grenzflüsse zwar eindeutig die Mittellinie als präsumptive Grenze. Ähnlich wie in Art. 1 des Blankeneser Protokolls wird sie beispielsweise in § 30 des erwähnten Rezesses von 1826[93] definiert als „diejenige continuierliche Linie, welche . . . die verschiedenen Breiten des Elbstroms auf allen seinen Punkten . . . in zwei gleiche

---

[90] s. o. Anm. 89.

[91] Vgl. Pr. OVG vom 24. November 1932, ReichsVerwBl., Bd. 55 (1934), S. 528. Keine Streifengrenze liegt dort vor, wo der Fluß trotz bestehender Grenzlinie hinsichtlich gewisser Nutzungen „wie ein gemeinschaftliches Gebiet betrachtet und behandelt werden soll", wie dies z. B. für die Elbe zwischen Hamburg und Geesthacht in Art. II des Provisorischen Regulativs für die Strom-, Polizei-, Fischerei- und Fähr-Sachen zum Haupt-Liquidations-Rezeß zwischen Dänemark und Hannover vom 24. Juni 1826 (*Martens* N. R. VII-1, S. 47, 71) betr. das Herzogtum Lauenburg vereinbart war.

[92] Z. B. Art. 25 der Wiener Kongreßakte von 1815 (Anm. 73) für Teile der Nahe, Saar und Mosel, sowie die preußisch-niederländischen Grenzverträge vom 26. Juni 1816 und vom 7. Oktober 1816, *Martens* N. R. III, S. 24, 45. Zum ersten erging die oben Anm. 90 genannte Entscheidung.

[93] s. o. Anm. 87.

Hälften schneidet". Etwa seit der Mitte des Jahrhunderts ist aber umstritten, ob das Mittellinienprinzip bei *schiffbaren* Flüssen durch das historisch jüngere Talwegprinzip verdrängt worden ist. Der 1811 zwischen Preußen und dem Königreich Westphalen geschlossene Grenz- und Schiffahrtsvertrag[93a] definierte den Talweg in Art. I wie folgt: „le Thalweg, c'est à dire le principal courant de l'Elbe". Dabei verlief die Grenzlinie selbst auf der sog. Talweglinie (Talwegachse), d. h. der „Mittellinie der Hauptschiffahrtsrinne"[94].

In der Tat befanden sich um die Mitte des vorigen Jahrhunderts aber nicht nur die Regeln über präsumptive Grenzen in schiffbaren Grenzflüssen in allmählicher Veränderung. Eine nähere Betrachtung gibt auch zu Zweifeln an der Einheitlichkeit und Dauerhaftigkeit der dem Blankeneser Protokoll zugrundeliegenden Aufteilungspraxis Anlaß. Die Tatsache, daß die meisten vor 1867 entstandenen Landkarten in der Niederelbe keine Grenze enthalten, während spätere Karten eine solche gewöhnlich verzeichnen[95], deutet jedenfalls auf den ungeklärten Grenzverlauf hin. Auch wenn man berücksichtigt, daß amtlich genehmigte Landkarten, die nicht Teil eines Grenzvertrages sind, keine Beweismittel für die Existenz einer bestimmten Grenzlinie sind, sondern lediglich die Auffassung der genehmigenden Regierung über den Grenzverlauf wiedergeben, ist dennoch eine schon zwischen 1789 und 1797 mit Genehmigung des dänischen Königs und Herzogs von Holstein angefertigte Landkarte[96] besonders bemerkenswert. Sie verzeichnet die Grenze des Herzogtums in der Niederelbe bis zu deren Endpunkt (ca. 2,3 km östlich des Ottendorfer Hafens) etwa in der Mitte der Schiffahrtsrinne. Eine ähnliche, noch über diesen Endpunkt hinausführende Grenzlinie findet sich auch in einer

[93a] s. o. Anm. 88.

[94] Vgl. Art. 30 des Versailler Friedensvertrages vom 28. Juni 1919, RGBl. 1919, S. 687.

[95] Vgl. die General-Karte von den Herzogthümern Schleswig, Holstein und Lauenburg, den Fürstenthümern Lübeck und Ratzeburg und den Hansestädten Hamburg und Lübeck. Entworfen 1858, herausgegeben und bis zum Jahre 1867 berichtigt von *F. Geerz*, Kiel 1867, die im Gegensatz zur 1. Aufl. (Berlin 1857) eine Niederelbegrenze verzeichnet. Keine Grenze verzeichnen die Karten von *Gräf* (Weimar 1857), bzw. von *C. F. Wieland* (Weimar 1847). Ähnlich ist die Lage bei folgender Karte: Die Herzogthümer Holstein und Lauenburg, das Fürstenthum Lübeck, und die freien und Hansestädte Hamburg und Lübeck. Bearbeitet und gezeichnet von *Franz Geerz*, 1838—1845. (1 : 276 000). 3. berichtigte Ausgabe, Kiel 1867. Auch hier zeigen die 1. Auflage (Schleswig 1845) und die 2. Auflage (Berlin 1864) noch keine Elbegrenze. Die Karten befinden sich im Besitz der Landesbibliothek Kiel.

[96] Kartenblätter 27, 28 und 29 der von Generaladjudant Major *Gustav Adolf v. Vahrendorf* mit Genehmigung des dänischen Königs ausgeführten „Topographisch-Militärische Karte des Herzogthums Holstein nebst (. . .)" (Maßstab etwa 1 : 26 300). Die Kartenblätter aus dem Besitz des Geodaetisk Institut in Kopenhagen lagen dem Verf. in einer Montage (Maßstab etwa 1 : 35 000) vor.

1813 in Schleswig veröffentlichten Karte des Herzogtums Holstein[97], die allerdings auf der schon erwähnten älteren Visserschen Karte beruht, welche keinen amtlichen Charakter besaß. Von Interesse dürfte in diesem Zusammenhang auch eine Stellungnahme des dänischen Justizministeriums aus dem Jahre 1861 sein. Es äußerte sich zu Fragen der Hoheitsausübung über das Meer und in Grenzgewässern wie folgt: „Für den dänischen Staat könne, nach dem, was allgemein angenommen würde, nur die Ausübung von Hoheitsrechten über folgende Gewässer in Frage kommen: . . . 5. über Reeden und Häfen samt Flüssen, jedoch bei *Grenzflüssen nur bis zur Mitte des Talwegs*"[98]. Allerdings geht aus der Stellungnahme nicht hervor, ob sie auch die Elbegrenze des staatsrechtlich nicht zum Königreich gehörenden Herzogtums Holstein betraf. Jedenfalls entsprach es der dieser Stellungnahme zugrundeliegenden Haltung, daß die deutsch-dänische Staatsgrenze seit dem Wiener Frieden vom 30. Oktober 1864[99] auf der Talweglinie der Königsau verlief.

Zusammenfassend läßt sich also feststellen, daß die Anrainerstaaten der Niederelbe in vor-preußischer Zeit keine verbindliche Vereinbarung über eine bestimmte Grenzlinie getroffen haben. In einer derartigen Lage ist sicherlich die Praxis der Anrainerstaaten von besonderer Bedeutung, da jeder Staat den Umfang seines Staatsgebietes auch in einem Grenzfluß selbst bestimmen kann, solange er nicht mit den Gebietsansprüchen der anderen Anrainer in Widerspruch gerät. Die gemeinsame Praxis hinsichtlich der Niederelbe deutet nach dem Blankeneser Protokoll von 1863 zwar auf eine Mittelliniengrenze hin, sie bleibt aber nicht ohne Zweifel. Eine Anwendung der Regeln des internationalen Flußrechts scheint ebenfalls auf eine präsumptive Mittelliniengrenze hinauslaufen, aber auch hier ergeben sich Zweifel an der Geltung des Mittellinienprinzips als präsumptiver Grenzlinie für schiffbare Grenzflüsse.

---

[97] Karte vom Herzogthum Holstein, den Gebieten der Reichs Städte Hamburg und Lübeck, und des Bisthums Lübeck. Nach der Fischerischen Karte entworfen und berichtigt von B . . . Zweite, verbeßerte und vermehrte, und neu gestochene Auflage. Mit Königlichem allergnädigsten Privilegium. Schleswig 1813 bei Cai Frantz Christiani (im Besitz des Museums Tondern).

[98] Kgl. Resolution betreffend die Althings Petition über Maßregeln gegen die durch die fremden Fischer unter Island angerichteten Schäden, Lovsamling XVIII, S. 567; deutsch bei *Viktor Böhmert,* Die Fischereigrenzen des Nordens, Bd. 1, Berlin 1940, S. 32 (Hervorhebung zugefügt).

[99] Dänemark und Preußen / Österreich, Art. 5, *Martens* N. R. G. XVII-2, S. 474.

III. Die Ländergrenze in der Niederelbe

1. Die Entstehung der Grenzlinie

Nach dem Sieg der verbündeten preußischen und österreichischen Truppen über das dänische Heer im Deutsch-Dänischen Krieg von 1864 verzichtete Christian IX. von Dänemark im Frieden von Wien am 30. Oktober 1864 auf seine Rechte an den Herzogtümern Schleswig, Holstein und Lauenburg zugunsten von Österreich und Preußen. Das am 5. Dezember 1864 gegründete österreichisch-preußische Kondominium über die Herzogtümer endete nach dem preußischen Sieg bei Königgrätz mit dem Prager Frieden vom 23. August 1866, in welchem Österreich seine Rechte an den Herzogtümern auf Preußen übertrug. Preußen ergriff am 12. Januar 1867 Besitz von den Herzogtümern und machte sie zur preußischen Provinz Schleswig-Holstein, die wenige Tage später in das Königreich Preußen einverleibt wurde[100]. Das Königreich Hannover, welches schon im Juni 1866 von preußischen Truppen besetzt worden war, wurde am 3. Oktober 1866 von Preußen in Besitz genommen und in eine Provinz umgestaltet[101]. Die Annexion beider Länder verwandelte ihre gemeinsame Landesgrenze in der Niederelbe in eine preußische Provinzgrenze.

In diesem allgemeinen geschichtlichen Zusammenhang fand wenige Jahre nach der Einverleibung Hannovers und Schleswig-Holsteins schließlich die Festlegung der Niederelbegrenze statt. Den unmittelbaren Anlaß dazu bot allerdings nicht die (in Schleswig-Holstein am 22. September 1867 durchgeführte) administrative Neuordnung der neuerworbenen Provinzen, sondern die Einführung bzw. Neuregelung der Grundsteuer in Hannover und Schleswig-Holstein[102]. Auf Anordnung

---

[100] Kgl. Preuß. Besitznahmepatent vom 12. Januar 1867 (prGS, S. 129). Die Einverleibung erfolgte am 24. Januar 1867, vgl. das Vereinigungsgesetz (prGS, S. 875).

[101] Kgl. Preuß. Besitznahmepatent vom 3. Oktober 1866 (prGS, S. 591), sowie das Vereinigungsgesetz von 1867 (prGS, S. 875). Die Besitznahmepatente und Vereinigungsgesetze für die neuen Provinzen erfaßten die betr. Länder „mit sämtlichen Zubehörden und Ansprüchen" in den bestehenden Grenzen, ohne diese näher zu definieren.

[102] Das Ges. betr. die anderweitige Regelung der Grundsteuer vom 21. Mai 1861 (prGS, S. 253), welches die Vermessungs- und Kartierungsarbeiten anordnete, wurde durch die VOen vom 28. April 1867 (prGS, S. 533, 543) auch in den neuen Provinzen eingeführt.

des preußischen Finanzministers wurden von 1868 bis 1878 in beiden Provinzen Vermessungsarbeiten vorgenommen[103]. Dabei waren die Katasterbehörden gehalten, die Landesgrenzen „nach Maßgabe der bestehenden Grenzverträge aufzunehmen"[104], was sinngemäß auch für die gemeinsamen Provinzgrenzen der neuen Provinzen gegolten haben dürfte. Bevor der für die Niederelbe zuständige Vermessungskommissar in Schleswig die Vermessungen durchgeführt hatte, wurde die Frage dieser Provinzgrenze 1871 in einem Briefwechsel zwischen dem Oberpräsidenten in Hannover und dem preußischen Innenminister erörtert. Die darin erwähnte Praxis und die übereinstimmende Auffassung der Beteiligten über den gebotenen Grenzverlauf sind insofern bemerkenswert, als sie im Widerspruch zu der später tatsächlich festgelegten Grenzlinie stehen. Der Brief des Oberpräsidenten der Provinz Hannover hatte folgenden Wortlaut[105, 106]:

Bei Gelegenheit der ander weiten Regulirung der Grundsteuer in den neuen Landestheilen ist die Frage über den Lauf der Provinzial-Grenze, soweit dieselbe zwischen dem Landdrosteibezirk Stade und der Provinz Schleswig-Holstein mit dem Elbstrom zusammenfällt, zur Erörterung gekommen. Grenzkarten oder Grenzbeschreibungen sind über diese vormalige Landesgrenze nicht vorhanden, die Landdrostei Stade ist aber mit der Regierung zu Schleswig darüber einig, daß — soweit nicht bezüglich einzelner im Strome belegener Inseln eine andere Zugehörigkeit schon feststeht — die Grenze durch diejenige Linie gebildet wird welche den Wasserspiegel bei der sogen. ordinären Fluth-Höhe der Länge nach in 2 gleiche Theile theilt.

Nach diesem Princip ist bisher verfahren worden und es wird bei demselben m. E. unbedenklich auch für die Zukunft sein Bewenden behalten können ohne daß es z. Z. einer bezüglichen Vermessung und Chartirung bedarf. Entstehen später Inseln, welche von der gedachten Mittellinie durchschnitten werden, so wird die Entscheidung, zu welcher Provinz gehörig sie zu betrachten sind, im einzelnen Falle einzuholen sein.

Von den im gedachten Strombett bereits vorhandenen Inseln ist nur bei Einer die Zugehörigkeit zweifelhaft; es ist dies der in Folge eines Stromdurchbruchs aus 2 Theilen bestehende Schweinesand, wie er Schleswig'scher Seits genannt wird, welcher Hannoverscher Seits aber die Bezeichnung „Steert des Schweinesandes" führt.

Wie Eure Ex aus dem anliegenden Protocoll d. d. Blankenese den 7. Juli 1863 ersehen wollen, haben damals zwischen dem vormaligen Königreich Hannover

---

[103] Anweisungen des preußischen Finanzministers vom 7. Mai 1868 und vom 27. Mai 1875.

[104] Anweisung für das Verfahren bei der Herstellung von Gemarkungskarten, § 13 der Anlage A zum Ges. vom 21. Mai 1861 (Anm. 102).

[105] Der Briefwechsel lag dem Verf. in Ablichtungen der handschriftlichen Originale und in den hier wiedergegebenen maschinenschriftlichen Abschriften vor.

[106] Die in dem ersten Brief erwähnte „Regierung in Schleswig" ist der Oberpräsident der preußischen Provinz Schleswig-Holstein mit Sitz in Schleswig. Die „Schleswigsche Stromhälfte" müßte richtigerweise „schleswig-holsteinische" oder „holsteinische" heißen.

und dem Königreich Dänemark Verhandlungen über die Landeszugehörigkeit dieser Insel geschwebt, welche in Folge der inzwischen eingetretenen politischen Verhältnisse nicht zum Abschluß gekommen sind.

Die gn. Insel liegt zum bei weitem größestem Theile in der Schleswig'schen Stromhälfte und es entspricht deshalb den örtlichen Verhältnissen, wie auch den vorläufigen Verabredungen im Protocoll vom 7. Juli 1863, wenn nunmehr die noch zweifelhafte gn. Provinzialgrenze der Art regulirt wird, daß der „Steert zum Schweinesand" („Schweinesand") als zur Provinz Schleswig-Holstein gehörig betrachtet wird.

Die Landdrostei in Stade u. die Regierung in Schleswig sind hiermit Einverstanden.

Eure Ex stelle ich gehorsamst anheim, in diesem Sinne die Allerhöchste Entscheidung geneigtest einholen zu wollen.

D. Ob. Präsi

gez. Unterschrift

Die Antwort des preußischen Innenministers, welche mit gleichem Inhalt auch an den Oberpräsidenten der Provinz Schleswig-Holstein ging, lautete:

Berlin, den 30. Oktober 1871

8986 1 Anl

Auf den gefälligen Bericht vom 11. d. M. erkläre ich mich damit einverstanden, daß an dem bisherigen Principe, nach welchem die Grenze zwischen den Provinzen Hannover und Schleswig-Holstein, soweit dieselbe mit dem Elbstrome zusammenfällt, und insoweit nicht bezüglich einzelner im Strome belegener Inseln eine andere Zugehörigkeit schon feststeht, durch diejenige Linie gebildet wird, welche den Wasserspiegel bei der sogenannten ordinären Fluth-Höhe der Länge nach in zwei gleiche Theile theilt, auch in Zukunft festgehalten werde.

Ebenso stimme ich Eure Erlaucht darin bei, daß die ganze Insel Schweinesand, von welcher nur ein unbedeutender Theil nach obigem Grundsatze in den Bereich der Provinz Hannover hineinragt, als zur Provinz Schleswig-Holstein gehörig angesehen werde. Der Einholung einer Allerhöchsten Entscheidung hierüber bedarf es nicht.

Ew. Erlaucht wollen hiernach das in dieser Beziehung etwa noch Erforderliche gefälligst veranlassen.

Der eingereichte Vertrag de dato Blankenese den 7. Juli 1863 erfolgt anbei zurück.

Der Minister des Innern

In Vertretung

gez. Unterschrift

An

den Königlichen Ober-Präsidenten

Herrn Otto Grafen zu Stolberg-Wernigerode

Erlaucht

zu *Hannover*

Beide Schreiben gehen ebenso wie das Blankeneser Protokoll von 1863 zweifellos vom Mittellinienprinzip aus. Die in der Praxis und im Schrifttum nicht selten anzutreffende Verwechselung von „Strommitte" (Mittellinie) und „Mitte der Schiffahrtsrinne" (Talweglinie) kann in diesem Fall schon wegen der verwendeten Definitionen des Mittellinienprinzips und der Regelung für Inseln nicht vorliegen. Denn eine Talweggrenze ist zeitkonstant und bedarf im Gegensatz zu einer Mittelliniengrenze deswegen keiner Festlegung des der Bemessung zugrunde zu legenden Wasserstandes. Ferner könnte eine später entstandene Insel nicht durch eine Talweglinie geschnitten werden, wohl aber durch eine Mittellinie.

Weniger eindeutig als die Frage nach dem Inhalt des „bisherigen Princips" ist jene nach seiner Rechtsnatur zu beantworten. Handelt es sich dabei um die aus dem römischen Recht in das internationale Flußrecht übernommene „ad medium filum"-Regel, so wäre ebenso wie im Protokoll von Blankenese das Mittellinienprinzip des Völkerrechts gemeint. In diesem Fall würden die beteiligten Provinzen und der preußische Innenminister von der Weitergeltung der „vormaligen Landesgrenze" als Provinzgrenze ausgehen. Als andere Möglichkeit käme in Betracht, daß mit dem erwähnten Prinzip der verwaltungsrechtliche Grundsatz der Realteilung von Grenzgewässern gemeint ist, welcher mangels eines Grenzvertrages oder einer spezielleren Grenzbeschreibung auch zwischen den preußischen Provinzen Anwendung finden konnte. Dann wäre nur die von den beteiligten Provinzialbehörden seit 1867 beobachtete preußische Praxis gemeint, unabhängig davon, ob man *vor* diesem Zeitpunkt in der Niederelbe möglicherweise einmal ein anderes Prinzip angewendet hätte. Allerdings läßt die Erwähnung des Protokolls von Blankenese diese Möglichkeit wenig wahrscheinlich erscheinen, so daß offenbar die ältere, vor 1866/67 geübte Praxis gemeint ist.

Rechtlich bedeutsamer ist hingegen eine andere Frage, nämlich jene nach der Kompetenz der preußischen Ministerien, die Provinzgrenze abweichend von der älteren Mittellinienpraxis festzulegen. Dabei ist von deren sachlicher Zuständigkeit auszugehen und lediglich nach der Bindungswirkung der alten Grenze zu fragen. Unabhängig davon, wie sie juristisch zu qualifizieren wäre, schloß die ältere Praxis hinsichtlich der Landesgrenze eine abweichende Regelung für die Provinzgrenze nicht aus. Denn weder als eine zwischen den Provinzen weitergeltende Mittellinienregelung des internationalen Flußrechts, noch als Verwaltungsgrundsatz der Realteilung von Grenzgewässern besaß das Mittellinienprinzip einen rechtlichen Vorrang oder eine besondere Bestandskraft, die später einer abweichenden Grenzfeststellung durch ein zuständiges preußisches Ministerium im Wege gestanden hätten. Es ist vielmehr so, daß das Mittellinienprinzip im Verwaltungsrecht ebenso wie im internationalen Flußrecht lediglich eine *Vermutung* hinsichtlich des Grenzverlaufs enthält und dabei gegenüber jeder rechtswirksamen Festlegung der Grenzlinie subsidiär ist.

Zweifel an dieser Auffassung könnten aber möglicherweise entstehen, wenn es sich bei dem Briefwechsel um eine vom preußischen Innenminister genehmigte Grenzvereinbarung zwischen den Provinzen Schleswig-Holstein und Hannover handeln würde. Es sind zwar direkte Beratungen zwischen der Landdrostei Stade und dem Oberpräsidenten in Schleswig vorangegangen, und die Antwort des preußischen Innenministers ist auch der Provinz Schleswig-Holstein eröffnet worden. Aber Inhalt und Form des Briefwechsels lassen die Annahme schwerlich zu, daß es sich dabei um eine Grenzvereinbarung zwischen den Provinzen handelt. Vielmehr wird man den Briefwechsel den Umständen nach als eine verwaltungsinterne Abstimmung zwischen den Provinzen und dem übergeordneten Innenministerium anzusehen haben, in welcher eine einhellige Rechtsauffassung formuliert wird. Diese Rechtsauffassung blieb für die beteiligten Provinzen maßgebend, bis unter Federführung des preußischen Justizministeriums wenige Jahre später eine verbindliche Grenzregelung eingeführt wurde.

Im Zusammenhang mit den auf Anordnung des Finanzministeriums durchgeführten Vermessungen wurden 1875 in der Schiffahrtsrinne der Elbe Brechpunkte für die neue Provinzgrenze festgelegt. Diese folgte im wesentlichen der damaligen Talweglinie des Flusses. Aus praktischen Gründen lag es nahe, die Grenzlinie im breiten Strom der Niederelbe, dessen Mittellinie sich mit den Gezeiten ständig verändert, in die Mitte der genau vermessenen, durch Strombaumaßnahmen künstlich erhaltenen und durch landseitige Peilungen leicht feststellbaren Hauptschiffahrtsrinne zu verlegen. Hinzu kommt, daß die Mittellinie und die Talweglinie in der Niederelbe zwischen dem Hamburger Stadtgebiet und der Grenze der Hamburger Exklave Ritzebüttel nicht sehr weit auseinanderfielen. In rechtlicher Hinsicht ist aber zu beachten, daß es sich bei der festgegelegten Grenzlinie *nicht* um eine Talweggrenze im Sinne des internationalen Flußrechts handelt[107]. Denn sie bleibt von den natürlichen Veränderungen des Flusses unberührt, während eine richtige Talweggrenze jeweils der Verlagerung des Talwegs folgt und sich dementsprechend schnell verändern kann. Es handelt sich in diesem Fall also um eine „willkürliche Grenzlinie" im Sinne der erwähnten Definitionen. Sie wurde in die aufgrund der Anweisungen des preußischen Finanzministers im *Februar 1878 angefertigte Gemarkungsurkarte Elbemündung* eingetragen. Damit erhielt die Provinzgrenze einen gewissen Bestandsschutz,

---

[107] Vgl. die Definition in der Einleitung, oben S. 13.

da sie nach preußischem Recht fortan normalerweise nur noch im Gesetzgebungswege verändert werden konnte[108].

2. Die Grenze von der Ostemündung bis Altenbruch

In der Niederelbe ist zwischen Schleswig-Holstein und Niedersachsen nicht die gesamte Grenze vom Hamburger Stadtgebiet elbabwärts streitig, sondern nur ein vergleichsweise kurzes Stück von der Einmündung der Oste bis zur Verbindungslinie zwischen der Kugelbake bei Cuxhaven-Döse und der Westkante des Dieksander Kooges. Der streitige Grenzabschnitt beginnt dort, wo die befestigten Flußufer zu einem weiten Trichter auseinandertreten und die Schiffahrtsrinne, die Mitte des Stromes verlassend, dicht unter dem niedersächsischen Ufer verläuft. Der Mündungstrichter der Elbe stellt sich nicht nur als ein navigatorisch sondern auch als juristisch schwieriges Gelände dar. Das Land Niedersachsen beansprucht dort eine Mittelliniengrenze, die beträchtlich von der ufernahen Schiffahrtsrinne abweichen und den Mündungstrichter gleichmäßig zwischen den Ländern aufteilen würde. Der Haupteinwand gegen diese Grenzvorstellung besteht darin, daß die projektierte Grenzlinie bestimmte Wattengebiete (Neufelder Watt, Medemsand) zur rechten Hand der Schiffahrtsrinne schneiden würde, die — wie im folgenden Abschnitt über die Grenze im Wattenmeer gezeigt werden wird — gebietsrechtlich eindeutig zu Schleswig-Holstein gehören. Ferner ist gegen die niedersächsische Auffassung einzuwenden, daß sie die in der preußischen Gemarkungsurkarte Elbemündung von 1878 enthaltene Grenze unberücksichtigt läßt. Da sie nicht auf einen Grenzvertrag oder eine anderweitige Grenzfestlegung gestützt werden kann, beruht die erwähnte Auffassung auf allgemeinen Prinzipien über den Grenzverlauf in Flüssen. Unabhängig von ihrer rechtlichen Natur als Grundsätze des Verwaltungsrechts, des interföderativen Rechts oder des internationalen Flußrechts sehen diese Prinzipien aber nur eine *präsumptive* Grenzregelung vor. Das bedeutet, sie greifen nur dann ein, wenn noch keine Grenze vorhanden ist. Im vorliegenden Fall setzt sich die Grenze der preußischen Gemarkungsurkunde Elbemündung von 1878 aber über die Ostemündung hinaus bis Cuxhaven-Döse fort. Sofern sie für die betreffenden Bundesländer im Wege der Rechtsnachfolge verbindlich geworden ist, bliebe für eine Anwendung präsumptiver Abgrenzungsregeln in dem fraglichen Gebiet kein Raum mehr.

---

[108] § 4 der Provinzialordnung vom 29. Juni 1875 (prGS, S. 335) i. d. F. vom 22. März 1881 (prGS, S. 233); Die Änderung der Provinzialgrenzen mußte in die betreffenden Gemarkungskarten eingetragen werden, vgl. VO vom 12. Dezember 1864 (prGS, S. 673), § 20 h und Ges. vom 8. Februar 1867 (prGS, S. 185), § 32 h.

Schleswig-Holstein wäre selbstverständlich nicht gehindert, sich im Vertragswege auf die niedersächsische Grenzvorstellung einzulassen. Angesichts der erwähnten Einwände dürfte das Land allerdings kaum zu einem entsprechenden Zugeständnis bereit sein. In der Tat geht es von der Weitergeltung der erwähnten preußischen Niederelbegrenze bis Cuxhaven-Döse aus. Diese an den Talweg von 1875 angelehnte Grenze stimmt in ihrem Verlauf zwar nicht mehr mit der gegenwärtigen Talweglinie überein, denn die Schiffahrtsrinne hat sich in den vergangenen hundert Jahren noch näher an das linke Elbeufer verlagert. Aber auch der maßgebliche Grenzverlauf der Gemarkungsurkarte von 1878 weist den Mündungstrichter der Elbe weit über die Mittellinie hinaus als schleswig-holsteinisches Gebiet aus, wie anhand der im Anhang abgebildeten Landkarte zu sehen ist.

Im folgenden steht also die Frage im Vordergrund, ob die in der preußischen Gemarkungsurkarte Elbemündung von 1878 enthaltene Grenzlinie bis in die Gegenwart hinein eine verbindliche Grenze geblieben ist. Dabei ist allerdings der gesamte streitige Abschnitt bei dem linkselbischen Ort Altenbruch zu unterteilen, denn die preußische Provinzgrenze verlief bei ihrer Entstehung zunächst nur bis Altenbruch, während sich weiter flußabwärts die hamburgische Exklave Ritzebüttel und damit die ehemalige Staatsgrenze zwischen Preußen (Provinz Schleswig-Holstein) und dem Land Hamburg erstreckte.

Die Frage nach der Weitergeltung der ehemaligen preußischen Provinzgrenze für die heutigen Bundesländer ist eine Frage der Weitergeltung ihrer normativen Grundlagen. Denn wenn mit dem Untergang des Landes Preußen auch jene die Grenzlinie festlegenden preußischen Rechtsnormen unwirksam geworden wären, könnte sich Schleswig-Holstein allenfalls auf die bloße Gebietsnachfolge, nicht aber auf die Rechtskontinuität stützen. In einem solchen Fall hätten die Bundesländer ihr Territorium zwar in seinem tatsächlichen Bestand übernommen, Meinungsverschiedenheiten über den Grenzverlauf wären aber nur auf der Grundlage faktischer Besitzverhältnisse und nicht durch einen Rückgriff auf überkommene Grenzregelungen zu entscheiden. Auch in der Staatsrechtslehre unterscheidet man bekanntlich zwischen dem Weiterbestehen der Rechtspersönlichkeit des Staates und der Weitergeltung seiner Rechtsordnung, denn die Frage der Rechtskontinuität im engeren Sinne ist von jener der Identität bzw. Rechtsnachfolge des Staates selbst zu trennen[109].

---

[109] Vgl. statt vieler *Ulrich Scheuner*, Die Funktionsnachfolge und das Problem der staatsrechtlichen Kontinuität, in: Festschrift für Hans Nawiasky, München 1956, S. 9, 11; *Wilfried Fiedler*, Das Kontinuitätsproblem im Völkerrecht, Freiburg u. München 1978, S. 21 ff., 120 ff.

Nach dem Ende des Kaiserreichs existierte das ehemalige Königreich Preußen unter der Reichsverfassung von 1919 als Land Preußen mit eigener, nicht vom Reich abgeleiteter Herrschaftsgewalt fort[110]. Die Niederelbegrenze seiner Provinzen Schleswig-Holstein und Hannover blieb bei anhaltender staatlicher Identität Preußens unverändert bestehen. Nach der nationalsozialistischen Machtübernahme hörte Preußen allerdings auf, ein Staat zu sein, denn nach dem Gesetz über den Neuaufbau des Reiches vom 30. Januar 1934 gingen seine Hoheitsrechte auf das Reich über[111]. Jedoch gelang den nationalsozialistischen Machthabern die staatsrechtliche Beseitigung der Länder nicht vollständig. Nach vorherrschender Auffassung bestanden die Länder als autonome Verbände mit eigener Rechtspersönlichkeit fort[112]. Als solche nahmen sie die auf das Reich übergegangenen Hoheitsrechte in dessen Auftrag und Namen wahr[113]. Die preußischen Provinzen blieben als Provinzialverwaltungseinheiten in den vorhandenen Grenzen bestehen, während das ehemalige preußische Landesrecht als örtlich begrenztes Reichsrecht weitergalt[114]. Die ehemalige Provinzgrenze bestand nur noch als reine Verwaltungsgrenze fort, blieb in ihrem Verlauf aber unverändert.

Nach der militärischen Unterwerfung des Großdeutschen Reiches erhielten die ehemaligen Provinzialverwaltungseinheiten Schleswig-Holstein und Hannover im Rahmen der Reföderalisierung wieder den staatsrechtlichen Status von Ländern. Die Alliierten Oberkommandierenden hatten ihren Regierungen schon anläßlich der Übernahme der deutschen Hoheitsgewalt im Juni 1945 u. a. das Recht vorbehalten, die Grenzen jedes Teiles Deutschlands neu zu bestimmen[115]. Im August 1946 wurde durch die Verordnung Nr. 46 der Militärregierung die Auflösung

---

[110] Vgl. *Anschütz* (Anm. 86), Art. 1, Bem. 4; *Richard Thoma,* in: Handbuch des Deutschen Staatsrechts, Bd. I, S. 173; StGH Entsch. v. 18. Juni 1927, Lammers-Simons, Bd. I, S. 185 f.; a. A. *Fritz Poetzsch-Heffter,* Handkommentar der Reichsverfassung, 3. Aufl. Berlin 1928, S. 77.

[111] RGBl. 1934 I, S. 75. Nach *Ernst Rudolf Huber,* Verfassungsrecht des Großdeutschen Reiches, 2. Aufl. Hamburg 1937/39, S. 326, hatten die Länder schon mit dem 2. Gesetz zur Gleichschaltung der Länder mit dem Reich vom 7. April 1933 (RGBl. 1933 I, S. 173) ihren Staatscharakter verloren.

[112] Vgl. *Ulrich Scheuner,* Die staatsrechtliche Kontinuität in Deutschland, DVBl. 1950, S. 481, 485; *ders.* (Anm. 109), S. 9, 44. So auch schon *Huber* (Anm. 111), S. 327, der die Länder (Territorien) als dritte, selbständige Form neben Staat und Gemeinde stellte. Anders *Herbert Krüger,* Bundesrepublik und Deutsches Reich, Süddeutsche JZ 1950, Sp. 113, 117.

[113] 1. VO über den Neuaufbau des Reiches vom 2. Februar 1934 (RGBl. 1934 I, S. 81), § 1.

[114] Vgl. RGZ 152, S. 86; Pr. OVG 101, S. 10; *Scheuner* (Anm. 109), S. 44; *Krüger* (Anm. 112), Sp. 117.

[115] Vgl. den Vorspruch der Berliner Erklärung vom 5. Juni 1945, deutsch bei *Dietrich Rauschning,* Die Gesamtverfassung Deutschlands, Frankfurt a. M., Berlin 1962, S. 86.

des ehemaligen Landes Preußen angeordnet[116], seine früheren Provinzen wurden Länder. Im November des gleichen Jahres wurde durch die Alliierten Verordnungen Nr. 55 und Nr. 70 das Land Niedersachsen als Rechtsnachfolger der Länder Hannover, Braunschweig, Oldenburg und Schaumburg-Lippe geschaffen[117]. Bei der Neuschaffung der Länder verwandelte sich die Niederelbegrenze wieder in eine staatsrechtliche Ländergrenze, der vorgefundene Gebietsbestand und dementsprechend der Grenzverlauf blieben dabei unverändert. Die Rechtskontinuität wurde gewahrt, indem die in den Provinzen in Kraft befindlichen „Gesetze, Verordnungen, Vorschriften, Anordnungen oder anderen Bestimmungen" aufgrund alliierter Bestimmungen in den neuen Ländern weitergalten[118]. Mit den erwähnten Maßnahmen war in der britischen Zone die Anordnung des Alliierten Kontrollratsgesetzes Nr. 46 vom Februar 1947[119] vorweggenommen worden, nach welcher die vormals preußischen Gebiete unter der Oberhoheit des Kontrollrats die Rechtsstellung von Ländern erhalten oder Ländern einverleibt werden sollten. Das Kontrollratsgesetz betraf im Niederelberaum also nur noch die rechtliche Auflösung des „Staates Preußen", der nach der Präambel des Gesetzes bereits „in Wirklichkeit zu bestehen aufgehört" hatte, sowie seiner Zentralregierung und aller nachgeordneten Behörden. Auch nach Gründung der Bundesrepublik und dem Inkrafttreten des Grundgesetzes besitzen die Länder als „Staaten mit eigener — wenn auch gegenständlich beschränkter — nicht vom Bund abgeleiteter, sondern von ihm anerkannter staatlicher Hoheitsmacht"[120] eine eigene Gebietshoheit. Sie sind zwar nicht mit dem Staat Preußen identisch, in ihnen gelten aufgrund der Rechtskontinuität aber die normativen Grundlagen der erwähnten Grenze als Landesrecht weiter[121]. Dementsprechend läßt sich für den Grenzab-

[116] VO Nr. 46 vom 23. August 1946, Amtsblatt der Militärregierung Deutschlands, Britisches Kontrollgebiet, 1946, Nr. 13, S. 305.

[117] VO Nr. 55 vom 1. November 1946, Amtsblatt (Anm. 116), S. 341, und VO Nr. 70 vom gleichen Tage, daselbst S. 408.

[118] VO Nr. 46 (Anm. 116), Art. IV; gleichlautend VO Nr. 55 (Anm. 117), Art. VII für Niedersachsen als Rechtsnachfolger der durch die VO Nr. 46 geschaffenen neuen Länder. Zur Kontinuität des preußischen Rechts in Niedersachsen vgl. auch BVerfGE 42, S. 345 (356 f.).

[119] Gesetz Nr. 46, Art. I (Amtsblatt Nr. 14 v. 31. März 1947). Offensichtlich ging der Kontrollrat davon aus, daß Preußen das Ende des Großdeutschen Reiches und das Kriegsende als Land überstanden hat oder nach 1945 wiedererstanden ist. Auch das BVerfG (2. Senat) vertrat 1951 im Südweststaaturteil (BVerfGE 1, S. 14, 51) die Auffassung, die Länder hätten den 8. Mai 1945 in ihrem ursprünglichen Bestand überdauert, folgte später aber der auch der Alliierten-VO Nr. 46 (Anm. 116) zugrundeliegenden Rechtsauffassung, nicht das Land Preußen, sondern nur seine Provinzen hätten das Kriegsende überstanden, vgl. BVerfGE 5, S. 66 (70), BVerfGE 6, S. 20 (26).

[120] Südweststaaturteil (Anm. 119).

[121] In Niedersachsen wurde das weitergeltende preußische Recht durch das Vermessungs- und Landesgesetz vom 8. November 1961 (Nds. GVBl. 1961, S. 319) ersetzt (§ 28), ohne daß dadurch der Verlauf der Landesgrenze berührt wird.

schnitt von der Ostemündung bis Altenbruch zusammenfassend feststellen, daß dort (ebenso wie in dem unstreitigen Abschnitt der ehemaligen Provinzgrenze von Hamburg bis zur Ostemündung) die in der preußischen Gemarkungsurkarte Elbemündung von 1878 festgelegte Grenzlinie für Schleswig-Holstein und Niedersachsen weitergilt. Die zwischenzeitlich eingetretenen Verwandlungen dieser Grenze von einer preußischen Provinzgrenze in eine reine Verwaltungsgrenze im Dritten Reich und schließlich (nach dem zweiten Weltkrieg) in eine Ländergrenze ließen ihren Verlauf unberührt.

3. Die Grenze von Altenbruch bis Cuxhaven-Döse

Der zweite streitige Abschnitt der schleswig-holsteinisch / niedersächsischen Landesgrenze in der Niederelbe schließt sich bei Altenbruch unmittelbar an den ersten an und erstreckt sich bis Cuxhaven-Döse. Schleswig-Holstein geht hier ebenfalls von der Weitergeltung der 1878 von Preußen auf der Talweglinie festgelegten Grenze aus. Die Rechtslage unterscheidet sich aber insofern von der des vorhergehenden Abschnitts, als es sich hier nicht um eine ehemalige preußische Provinzgrenze, sondern um die gemeinsame Landesgrenze Preußens (Provinz Schleswig-Holstein) und Hamburgs (Amt Ritzebüttel) handelte. Denn bis 1937 gehörte die linke Seite der Elbemündung mit der Stadt Cuxhaven als Exklave Ritzebüttel zu Hamburg. Das Problem dieses Grenzabschnitts scheint darin zu liegen, daß Preußen diese Grenzlinie offenbar einseitig festgelegt hat. Für die Entstehung einer auch für Hamburg verbindlichen Grenzlinie wäre zwar nicht eine aktive Mitwirkung der Freien und Hansestadt bei der Grenzziehung erforderlich gewesen, wohl aber deren Einverständnis mit dem von Preußen gewählten Grenzverlauf.

Die genauen Umstände, unter denen diese einseitige preußische Grenzziehung stattgefunden hat, wären möglicherweise durch weitere landesgeschichtliche Forschung aufzuklären. Aus rechtlicher Sicht ist das Vorgehen Preußens jedenfalls überraschend, denn selbst, wenn man von der zweifelhaften Annahme ausginge, das Land habe mit seinem Schritt lediglich die präsumptive Talweggrenze in ihrem derzeitigen Verlauf festschreiben wollen, wäre diese Festschreibung auch nur mit Hamburger Zustimmung für die Stadt verbindlich geworden. Ob Hamburg von Preußen überhaupt einmal zur gemeinsamen Festlegung der Grenzlinie aufgefordert worden ist und ob die Stadt ihr Einverständnis mit der preußischen Grenzziehung möglicherweise formlos erklärt hat, kann an dieser Stelle nicht geklärt werden. Immerhin scheint der Hamburger Senat zunächst nicht gegen das preußische Vorgehen protestiert zu haben. Ein entsprechender Protest wäre unter normalen Umständen aber zur Wahrung der hamburgischen Rechte erforderlich gewesen, es sei denn, der Hamburger Senat hatte überhaupt keine Kenntnis von der preußischen Grenzfestlegung. Die Tatsache, daß Preußen die Grenzlinie nur in eine Gemarkungsurkarte aufnahm, die als Grundlage für die Grundsteuererhebung an sich nur innerpreußischen Angelegenheiten diente und eigentlich nicht dafür vorgesehen war, Rechtswirkungen gegenüber dem Nachbarland zu entfalten, würde eine Rechtsverwahrung Hamburgs nicht überflüssig machen. Andererseits ließe sich das Ausbleiben hamburgischer Gegenvorstellungen gegen die preußische Grenzziehung von 1878 möglicherweise auch damit erklären, daß der Hamburger Senat zu jener Zeit selbst von einer in der Schiffahrtsrinne verlaufenden Grenze ausging. Dies würde mit seiner 1873 gegenüber der Reichsfortifikationsbehörde abgegebenen Erklärung übereinstimmen, wonach Hamburg

„die Hoheit und das Eigentum hinsichtlich aller bis über Neuwerk hinaus zur linken Hand des Hauptstromes der Elbe liegenden Sände, nicht hinsichtlich aber derjenigen zur rechten Hand desselben in Anspruch nehme"[122].

Etwa ein Vierteljahrhundert nach der preußischen Grenzziehung traten kurz nach der Jahrhundertwende zwischen Hamburg und Preußen aber doch Meinungsverschiedenheiten über die Staatsgrenze in der Niederelbe auf. Preußen beanspruchte dabei den Cuxhaven gegenüberliegenden Medemsand und die seewärtigen Sände zur rechten Hand der Elbe (Spitzsand, Gelbsand, Großer Vogelsand) als sein Staatsgebiet und wollte die Grenzlinie auf der „Mittellinie des Hauptschiffahrtsweges", d. h. der Talweglinie, gezogen wissen, während der Hamburger Senat die „Mittellinie des Stromes" als Grenze ansah[123]. Die damalige hamburgische Auffassung vom Grenzverlauf in dem formell niemals beigelegten Streit — die Länder ließen die Sache unter Beibehaltung ihrer Auffassungen ab 1904 auf sich beruhen — dient Niedersachsen heute offenbar als Grundlage seiner Gebietsansprüche und Vorstellungen vom Grenzverlauf.

Für die Lösung der heutigen Meinungsverschiedenheiten zwischen Niedersachsen und Schleswig-Holstein kann die Frage, ob die 1878 von Preußen gezogene Grenzlinie überhaupt einmal für Hamburg verbindlich geworden ist, aber dahingestellt bleiben, da Niedersachsen sich jedenfalls nicht auf die ehemaligen hamburgischen Einwendungen gegen die Grenze berufen kann. Ausgangspunkt für diese Überlegung ist die

---

[122] Quelle: Zusammenfassung des Hamburger Archivdirektors, Senatssekretär *Hagedorn*, vom 24. März 1964, StAH CL Lit. A, No. 3a, Vol. 59, Bl. 6, S. 33.

[123] Schreiben der Kgl. Preußischen Gesandtschaft in Hamburg vom 12. Mai 1902, nach *Hans-Joachim Baus*, Die Grenzen der deutschen Hoheitsgewässer im schleswig-holsteinischen Raum, Diss. Kiel 1957, S. 210; dort auch die Stellungnahme des Hamburger Senats zum Grenzverlauf.

Tatsache, daß die Grenzfestlegung vor der Hamburger Exklave Ritzebüttel durch die Gemarkungsurkarte Elbemündung von 1878 nach preußischem Landesrecht für die preußische Verwaltung mit ihren Provinzialbehörden in Schleswig-Holstein und Hannover rechtsverbindlich geworden ist. Das preußische Landesrecht galt in der Weimarer Republik unverändert fort. Es verwandelte sich nach der Auflösung der Länder im nationalsozialistischen Einheitsstaat 1934 durch das Gesetz über den Neuaufbau des Reiches in regionales Reichsrecht[124]. Nimmt man einmal an, daß die hamburgischen Ansprüche auf das Gebiet der Niederelbe vor Cuxhaven bis zur Mittellinie tatsächlich bestanden, so konnte die Auflösung der Länder nicht ohne Folgen für diese Gebietsansprüche bleiben. Allerdings kann man verschiedene Auffassungen über diese Folgen vertreten. In jedem Fall ist davon auszugehen, daß es sich bei den Gebietsansprüchen der Länder um Ansprüche auf die ihnen verfassungsmäßig zustehende, beschränkte Hoheitsausübung über das betreffende Gebiet und nicht etwa um Ansprüche auf oder aus zivilrechtlichem Eigentum handelte. Man wird des weiteren annehmen können, daß mit der Übernahme der Länderhoheit durch das Reich im Jahre 1934 auch die entsprechenden Gebietsansprüche der Länder auf das Reich übergegangen sind. Dort wären sie dann durch die Vereinigung von Anspruch und Gegenstand in der Hand des Reiches erloschen. Nach dieser Auffassung wurde die ab 1934 als reine Verwaltungsgrenze weiterbestehende ehemalige Staatsgrenze in der Niederelbe mangels anderer Vorschriften ausschließlich durch das als regionales Reichsrecht weitergeltende preußische Recht geregelt. Auf die Weitergeltung dieses Rechts in den Ländern nach der Reföderalisierung ist schon im vorangegangenen Abschnitt hingewiesen worden.

Freilich könnte man dieser Auffassung mit einem Hinweis auf den fiktiven Charakter der Übernahme der Länder-Hoheitsgewalt durch das Reich entgegentreten. In der Tat vereinigte das Reich die Hoheitsrechte der Länder nur für eine juristische Sekunde in seiner Hand, bevor es sie „zur Ausübung im Auftrage und im Namen des Reiches" wieder an die als autonome Verbände weiterbestehenden Länder zurückübertrug[125]. Jedenfalls in den ersten Jahren nach der nationalsozialistischen Machtübernahme vermittelte die Umbildung des Reiches zum Einheitsstaat in vielen Bereichen den Eindruck einer mit der politischen Wirklichkeit wenig übereinstimmenden juristischen Konstruktion. Aber auch auf der

---

[124] Nach § 3 der Ersten Verordnung über den Neuaufbau des Reichs vom 2. Februar 1934 (RGBl. 1934 I, S. 81) konnten die „Länder" mit Zustimmung des zuständigen Reichsministers „Landesgesetze" erlassen, die aber den Charakter von „landschaftlich begrenztem Reichsrecht" hatten, vgl. *Huber* (Anm. 111), S. 248.

[125] § 1 der rückwirkend zum 30. Januar 1934 in Kraft getretenen Ersten Verordnung (Anm. 124).

Grundlage einer derartigen, wirklichkeitsorientierten Auffassung ließe sich das Erlöschen der hamburgischen Gebietsansprüche in der Niederelbe vor Cuxhaven nur um wenige Jahre hinausschieben, nicht aber endgültig vermeiden. Denn das Amt Ritzebüttel mit der Stadt Cuxhaven ging schon wenige Jahre später durch das Groß-Hamburg-Gesetz vom 26. Januar 1937[126] von Hamburg auf das „Land-Preußen" über und wurde in den Regierungsbezirk Stade eingegliedert[127]. Bei der Einführung des preußischen Landesrechts im ehemaligen Amt Rizebüttel wurden zwar die preußischen Vorschriften über die Einführung und Fortführung des Katasters ausgeklammert[128], die weitergeltenden hamburgischen landesrechtlichen Vorschriften regelten ihrerseits aber nicht die Frage der Außengrenze der ehemaligen Exklave in der Niederelbe. Zu jenem Zeitpunkt kann man zwar nicht mehr von einer eigenen Gebietshoheit der Länder sprechen. Durch die Eingliederung der ehemaligen hamburgischen Exklave erhielt Preußen 1937 aufgrund eines Reichsgesetzes aber jedenfalls die Zuständigkeit zur Festlegung der Verwaltungsgrenze in der Niederelbe. Da diese Grenze für Preußen bereits mit der Gemarkungsurkarte von 1878 rechtsverbindlich geregelt war, wären die ehemaligen hamburgischen Ansprüche auf einen davon abweichenden Grenzverlauf vor Cuxhaven also spätestens mit dem Inkrafttreten des Groß-Hamburg-Gesetzes am 1. April 1937 erloschen.

Beide Auffassungen gehen also davon aus, daß die Frage des Grenzverlaufs in der Niederelbe vor Cuxhaven aufgrund reichsrechtlicher Zuständigkeitsregelung durch das weitergeltende preußische Landesrecht geregelt worden ist, während die ehemaligen hamburgischen Gebietsansprüche erloschen sind. Ein „Wiederaufleben" der erloschenen Ansprüche im Jahre 1945 auf seiten des Landes Hannover (als Rechtsnachfolger der ehemaligen preußischen Provinz Hannover einschließlich des 1937 hinzugekommenen Gebietes um Cuxhaven) findet keinen Anhalt im Recht. Wenn sogar die durch das Groß-Hamburg-Gesetz von 1937 eingetretenen Gebietsveränderungen nach 1945 weitergelten[129], so muß man erst

---

[126] Gesetz über Groß-Hamburg und andere Gebietsbereinigungen vom 26. Januar 1937 (RGBl. 1937 I, S. 91) nebst DurchführungsVOen. Vgl. dazu *Humburg* (Anm. 26), S. 13 ff.; *Ipsen* (Anm. 85), S. 96, 246 ff.

[127] Allerdings behielt Hamburg gewisse Hoheitsbefugnisse in Cuxhaven, die jedoch nicht die Frage der Elbegrenze betrafen, vgl. die Vierte DurchführungsVO vom 22. März 1937 zum Groß-Hamburg-Gesetz (RGBl. 1937 I, S. 335). Sie wurden erst durch Art. 1 des Staatsvertrages vom 26. Mai / 4. Juni 1961 aufgehoben (Hamb. GVOBl. 1961, S. 318), vgl. *Humburg* (Anm. 26), S. 13 ff.; *Ipsen* (Anm. 85), S. 97.

[128] Vgl. § 2 Ziff. 12 der preußischen RechtseinführungsVO vom 18. März 1938 (prGS, S. 40), die aufgrund der Dritten DurchführungsVO vom 23. März 1937 zum Groß-Hamburg-Gesetz (RGBl. 1937 I, S. 303) ergangen ist.

[129] Vgl. *Hans Peter Ipsen*, Hamburg zwischen Krieg und Frieden, in: Festschrift für Leo Raape, Hamburg 1948, S. 423, 427; *Humburg* (Anm. 26), S. 24. Das

recht annehmen, daß die vor 1945 hinsichtlich des Grenzverlaufs eingetretene Rechtslage auch nach der Reföderalisierung unberührt weiterbesteht. Dementsprechend kann man zusammenfassend feststellen, daß die heutige Landesgrenze zwischen Niedersachsen und Schleswig-Holstein in dem Abschnitt der Niederelbe zwischen Altenbruch und Cuxhaven-Döse also auch auf der in der preußischen Gemarkungsurkarte von 1878 festgehaltenen Grenzlinie verläuft.

BVerfG ließ 1956 die Weitergeltung des Gesetzes in seiner Lübeck-Entscheidung dahingestellt und hob auf das tatsächliche Fortbestehen der Gebietsänderungen nach 1945 ab, BVerfGE 6, S. 20 (26).

IV. Die Gebietshoheit im Wattenmeer

1. Die geographische und rechtliche Ausgangslage

An der Verbindungslinie zwischen den äußersten Punkten des befestigten Landes auf dem niedersächsischen Ufer (Kugelbake bei Cuxhaven-Döse) und dem schleswig-holsteinischen Ufer (Westkante des Dieksander Kooges) endet die „Niederelbe" (Binnenelbe) und der Fluß setzt seinen Lauf durch das Wattenmeer als „Außenelbe" fort. Das Wattenmeer ist eine dem eingedeichten Küstenland vorgelagerte, von Prielen und Einbuchtungen zerschnittene Landschaft aus Sand und Schlick, die im Rhythmus der Gezeiten zweimal täglich vom Meer überspült wird. Neben bewachsenen Inseln, wie z. B. die vor Cuxhaven zur linken Hand des Flusses liegende eingedeichte Insel Neuwerk und das unbefestigte Scharhörn, finden wir dort zahlreiche, nur bei besonders hohem Wasserstand überspülte Sandinseln. Ausgedehnte Sandbänke liegen über Kartennull, d. h. sie fallen bei Niedrigwasser trocken. Der Fluß unterscheidet sich geographisch von dem ihn umgebenden Wattenmeer durch seine Wassertiefe, hydrologisch hebt er sich durch Strömungsrichtung und -geschwindigkeit sowie durch den niedrigeren Salzgehalt vom Meer ab. Er hat in dieser unter dem Einfluß von Ebbe und Flut sich ständig verändernden Landschaft ein deutlich sichtbares Bett gegraben, das seewärts von Cuxhaven zuerst nach Nordwesten verläuft und dann in einem sanften Bogen in westlicher Richtung in die Nordsee mündet. Nördlich dieses breiten Hauptmündungsarmes (der „Süderelbe") und von ihm durch den Gelbsand und den Großen Vogelsand getrennt, verläuft etwa parallel dazu ein zweiter, erheblich schmalerer Mündungsarm, die „Norderelbe". Man könnte also sagen, daß die Elbe in einem Delta mit einem Haupt- und einem Nebenarm mündet. Die Verbindung zwischen beiden Armen ist aber bis auf eine schmale Rinne südöstlich des Gelbsandes weitgehend versandet. Die Norderelbe hat als lokales Nebenfahrwasser auch nur eine geringe Bedeutung für die Schiffahrt. Dem Sprachgebrauch moderner Seekarten entsprechend wird als „Elbe" (bzw. „Außenelbe") hier nur der Hauptmündungsarm bezeichnet, während der nördliche Nebenarm „Norderelbe" genannt wird[130].

---

[130] Vgl. z. B. die Deutsche Seekarte Nr. 50, Nordsee — Deutsche Bucht, Maßstab 1 : 300.000, hrsg. vom Deutschen Hydrographischen Institut, Hamburg.

Die Ufer der Elbe im Wattenmeer sind zur linken Hand bis zum Mittelgrund mit einem langen Leitdamm befestigt und werden im übrigen von den ausgedehnten, mit der Küste verbundenen Neuwerker und Scharhörner Watten gebildet. Zur rechten Hand der Elbe bilden die an die Küste anschließenden Gebiete des Medemsandes, der Nordergründe und des Hakensandes sowie die ihnen vorgelagerten, durch Priele bzw. die Norderelbe von ihnen getrennten Sandbänke Kratzsand, Spitzsand, Gelbsand und Großer Vogelsand die nördliche und östliche Landbegrenzung des Flusses. Staats- und verfassungsrechtlich gehört das gesamte Gebiet zum Staatsgebiet der angrenzenden Bundesländer. Während die Zugehörigkeit des *linkselbischen* Wattenmeeres zu Niedersachsen bzw. Hamburg geklärt ist, bestehen über die Zugehörigkeit von Teilen des Elbeflusses selbst und einiger *rechtselbischer* Wattengebiete zwischen Schleswig-Holstein und Niedersachsen Meinungsverschiedenheiten. Dem liegt vor allem die Tatsache zugrunde, daß sich seewärts des Endpunktes der preußischen Niederelbegrenze von 1878 bei Cuxhaven-Döse im Wattenmeer keine Grenzlinie feststellen läßt.

Das Problem der Landesgrenze im Wattenmeer hatte sich verschiedentlich schon früher gestellt, beispielsweise als Niedersachsen in dem Staatsvertrag von 1961 gewisse Watten zur linken Hand des Elbefahrwassers mit den Inseln Neuwerk und Scharhörn, die seit dem Groß-Hamburg-Gesetz von 1937 zu Preußen (Provinz Hannover) gehört hatten, an Hamburg abtrat[131]. Nach dem Verlust seiner früheren Exklave Ritzebüttel wollte sich das Land Hamburg mit dem Erwerb dieser Exklave erneut die Möglichkeit zur Errichtung eines Vorhafens in der Elbemündung verschaffen[132]. Die Exklave Neuwerk ist hamburgisches Staatsgebiet. Hamburg hat allerdings 1967 in einem Durchführungsabkommen[133] die innerhalb der Exklave und außerhalb derselben im Bereich des Festlandsockels möglicherweise anfallenden öffentlichrechtlichen Aufsuchungs- und Gewinnungsrechte an Bodenschätzen, einschließlich der Vergabe von Konzessionen, auf Niedersachsen zurückübertragen. Die Exklave ragt in das Fahrwasser der Elbe hinein, ihre Grenze verläuft nach dem Durchführungsabkommen entlang der Landesgrenze Niedersachsen / Schleswig-Holstein bis zur seewärtigen Begrenzung des Küstenmeeres[134]. Das Durchführungsabkommen definiert die schleswig-holsteinisch/niedersächsische Grenze jedoch nicht, sondern setzt sie voraus. Die Hamburger Exklave Neuwerk hat also in Richtung Elbefahrwasser bisher

[131] s. o. Anm. 127.

[132] Vgl. dazu *Albrecht Schäfer,* Das Tiefwasserprojekt Scharhörn, Hamburg 1978, passim.

[133] Durchführungsabkommen vom 14. Juni / 7. August 1967 zum Staatsvertrag von 1961 (Hamb. GVOBl. 1967, S. 285), Art. 3 Abs. 1.

[134] a.a.O. (Anm. 133), Art. 2 Abs. 1.

noch keine geodätisch festgelegte Grenzlinie. Niedersachsen und Hamburg konnten und wollten in ihren Vereinbarungen von 1961 und 1967 die Landesgrenze zu Schleswig-Holstein nicht ohne Mitwirkung dieses Landes festlegen. Ebensowenig hat ein Verwaltungsabkommen zwischen den Ländern Hamburg, Niedersachsen und Schleswig-Holstein von 1974[135], in welchem die Zuständigkeit der Hamburger Wasserschutzpolizei für die gesamte Niederelbe „bis zur Mündung" vereinbart worden ist, eine Landesgrenze geschaffen. Ein Staatsvertrag der drei Länder über besondere Grenzen des Amtsgerichtsbezirks Cuxhaven im Mündungsgebiet des Flusses aus dem Jahre 1976[136] legt lediglich funktionale Grenzen fest, so daß sich auch daraus keine Landesgrenze herleiten läßt.

Angesichts dieses Befundes haben die Länder voneinander abweichende Vorstellungen über den Grenzverlauf entwickelt. Nach *schleswig-holsteinischer Auffassung* verläuft die Grenzlinie entsprechend den Regeln des internationalen Flußrechts auf der Talweglinie der Elbe. Diese Auffassung setzt zunächst einmal voraus, daß die Elbe im Wattenmeer überhaupt noch als ein Fluß anzusehen ist. Dem scheint die gesetzliche Definition des seewärtigen Endpunktes der Elbe im „Verzeichnis der dem allgemeinen Verkehr dienenden Binnenwasserstraßen des Bundes" (Anlage zu § 1 Abs. 1 Nr. 1 des Bundeswasserstraßengesetzes vom 2. April 1968)[137] zu widersprechen. Danach endet die Elbe an der „Nordsee, Verbindungslinie zwischen der Kugelbake bei Döse und der westlichen Kante des Deichs des Friedrichskoogs (Dieksand)", also auf jener Linie, auf der schon die preußische Grenzlinie von 1878 endete. Entsprechende Definitionen finden sich in dem Verzeichnis der nach dem Staatsvertrag vom Juli 1921 von den Ländern auf das Reich übergegangenen Wasserstraßen[138] sowie in der Anlage zum preußischen Wassergesetz vom 7. April 1913 und in ähnlicher Weise auch schon in der Verordnung über die Grenze der „Seefahrt" vom 13. November 1873[139]. Es handelt sich dabei aber um Definitionen der Elbe, die sich aus dem jeweiligen Regelungszweck erklären lassen. Damit soll die Binnenwasserstraße Elbe von der Seewasserstraße Elbe unterschieden werden, die auf das Reich übergegangene Binnenwasserstraße oder der natürliche Wasserlauf erster Ordnung gekennzeichnet bzw. die Grenze zwischen Binnenschiffahrt und Seefahrt bestimmt werden. Andererseits wurde die Elbe nach der Strandungsordnung des Reiches vom 17. Mai 1874 aufgrund landesrechtlicher

---

[135] Abkommen über die wasserschutzpolizeilichen Zuständigkeiten auf der Elbe vom 30. Januar / 7. Februar / 14. Februar 1974 (schl.-h. GVOBl. 1974, S. 412).

[136] Abkommen über die Regelung der Gerichtszugehörigkeit des Elbmündungsbereichs vom 15. Dezember 1976 (schl.-h. GVOBl. 1977, S. 103).

[137] BGBl. 1968 II, S. 173 (188).

[138] s. o. Anm. 85, S. 971.

[139] PrGS 1913, S. 53, 172; RGBl. 1873, S. 367, § 1.

Ergänzungsvorschriften bis Altona der See gleichgestellt[140]. Derartige funktionale Definitionen schließen nicht aus, daß die Elbe auch jenseits der erwähnten Linie im rechtlichen Sinne als Fluß anzusehen ist. Ihnen stehen zahlreiche Regelungen gegenüber, welche die Elbe einschließlich ihres Mündungsgebiets im Wattenmeer betreffen. Schon Hamburgs frühere Elbe-Privilegien bezogen sich auf den gesamten Fluß einschließlich des Mündungsgebiets, ohne eine bestimmte Grenze zu nennen. So gewährte beispielsweise das Große Elbeprivileg Kaiser Ferdinands II. von 1628 die Rechte von der Stadt bis zum Meer[141]. Die Elbschiffahrtsakte von 1821 garantierte die Schiffahrtsfreiheit „von da an, wo dieser Fluß schiffbar wird, bis in die offene See, und umgekehrt aus der offenen See sowohl stromauf- als niederwärts"[142]. Desgleichen definierte die Elbschiffahrtsakte vom 22. Februar 1923 das internationale Stromgebiet der Elbe „von der Mündung der Moldau bis in das offene Meer"[143]. Gerade im Gegensatz zu einem erst 1831 beigelegten langjährigen Streit zwischen den Niederlanden und den anderen Flußanliegern über die Rheinmündung bestand hinsichtlich der Elbe immer Einigkeit, daß der Fluß bis zu seiner Mündung, d. h. wo das Wasser das Gebiet des Landes hinter sich läßt, gemeint war, „sollte auch gegen die Mündung hin Meerwasser sich beimischen und die Mündung eine größere Ausdehnung gleich einem Binnenmeere haben"[144]. Diese Auffassung entsprach auch den allgemeinen, schon zu Beginn des 19. Jahrhuhnderts anerkannten Völkerrechtsgrundsätzen über Deltamündungen, wonach das gesamte Mündungsgebiet ein Teil des Flusses ist und auch die vor einer Flußmündung angelagerten Sandinseln zum Staatsgebiet der Küstenstaaten gehören. So hatte der britische High Court of Admirality 1805 in dem Prisenfall „The Anna"[145] festgestellt, daß eine aus Schlick und Treibgut gebildete kleine Insel vor dem Mississippi-Delta amerikanisches Staatsgebiet war. Das Deutsche Reich vertrat dementsprechend in den Verhandlungen zum Nordsee-Fischereiabkommen vom 6. Mai 1882[146] den

---

[140] Vgl. § 22 der Strandungsordnung von 1874 (RGBl. 1874, S. 73) und dazu § 1 der Schl.-H. Bekanntmachung betr. die künftige Einrichtung des Strandwesens vom 10. Dezember 1874 bei *Hans Ewald / Kurt Graf*, Strandungsordnung, Kommentar, 2. Aufl. Hamburg — Berlin — Bonn 1955, S. 156; siehe dort auch den Hinweis, daß die Elbe von jeher kraft Gewohnheitsrechts von der Einmündung der Dove-Elbe bis zur Elbmündung als „See" i. S. von § 22 StrO gegolten habe, S. 59.

[141] s. o. Anm. 22.

[142] Art. I (Anm. 77).

[143] RGBl. 1923 II, S. 183, Art. 1.

[144] *August Wilhem Heffter*, Das Europäische Völkerrecht der Gegenwart, 5. Aufl. Berlin 1867, S. 147; zum Streit über die Rheinmündung, a.a.O., Fn. 5; *Caratheodory* (Anm. 83), S. 304, Fn. 5.

[145] 5 C. Rob. 373; auch bei *John Bassett Moore*, A Digest of International Law, Washington 1906, Vol. I, S. 269, § 82.

[146] Vgl. das Konferenzprotokoll bei *Martens* N. R. G.[2] IX, S. 505 (510); auch *Fulton* (Anm. 71), S. 633.

Standpunkt, daß die gesamte Elbemündung Eigengewässer sei. Abgesehen von der Zweckgebundenheit der gesetzlichen Definitionen und den vielen entgegenstehenden Regelungen können bei einer Abgrenzungsfrage schließlich auch die geographischen und hydrologischen Tatsachen nicht unberücksichtigt bleiben, so daß man insgesamt annehmen muß, daß die Elbe einen Fluß im rechtlichen Sinne bildet, soweit sie bei natürlicher Betrachtung als Fluß zu erkennen ist, oder mit anderen Worten: so weit, wie man ihre Ufer im Wattenmeer erkennen kann.

Damit ist aber zunächst nur klargestellt, daß die Elbe auch im Wattenmeer einen Fluß bildet, nicht aber, ob sie dort auch als *Grenzfluß* anzusehen ist. Dies ist aber eine zweite Voraussetzung der schleswig-holsteinischen Auffassung, die vor der eigentlichen Hauptfrage, welches Abgrenzungsprinzip auf die Elbemündung anzuwenden ist, untersucht werden soll. Diese Vorfrage ist ganz besonders wichtig, denn nach *niedersächsischer Auffassung* bildet die Elbe in ihrem Mündungsgebiet seewärts der Linie Cuxhaven-Döse/Dieksander Koog keinen Grenzfluß. Niedersachen legt seinen Vorstellungen in der Elbemündung offenbar eine Grenzlinie zugrunde, die ausgehend vom Mittelpunkt der Verbindungslinie zwischen der Kugelbake bei Cuxhaven-Döse und der Westkante des Dieksander Kooges lotrecht auf die Basislinie vor der schleswig-holsteinischen Küste trifft und dabei etwa in nordwestlicher Richtung über die rechtselbischen Sandbänke verläuft. Danach wären nicht nur die gebietsrechtliche Zugehörigkeit des Flusses selbst, sondern auch einzelner Teile des rechtselbischen Wattenmeeres als ungeklärt anzusehen. Auch nach dieser Vorstellung kommt es also zuerst einmal auf die „staatsrechtliche Zugehörigkeit"[147] des rechtselbischen Wattenmeers an. Denn wenn dieses Gebiet — wie von Schleswig-Holstein angenommen — ausschließlich zum schleswig-holsteinischen Staatsgebiet gehört, läßt sich die niedersächsische Vorstellung nicht mit den bestehenden Gebietsverhältnissen in Einklang bringen. Wenn die betreffenden rechtselbischen Wattengebiete aber nicht ausschließlich zu Niedersachsen bzw. Hamburg gehören, müssen diese Länder wenigstens gemeinsam mit Schleswig-Holstein Hoheitsrechte an den rechtselbischen Wattengebieten besitzen, soll die niedersächsische Grenzvorstellung mit den bestehenden Gebietsverhältnissen übereinstimmen.

Wenden wir uns im folgenden also der staatsrechtlichen Zugehörigkeit der rechtselbischen Wattengebiete zu, so müssen wir zunächst fragen, wann das Wattenmeer überhaupt Staatsgebiet geworden ist. Erst danach können wir feststellen, zu welchem Bundesland das rechtselbische Gebiet gehört, denn die Bundesländer leiten ihre Gebietsansprüche mangels

---

[147] So der StGH in dem Fall Hoheitsrechte in der Lübecker Bucht: Lübeck ./. Mecklenburg-Schwerin vom 7. Juni 1928 (StGH 2/25), RGZ 122, Anh. S. 1 (4).

eines originären Erwerbs von ihren Gebietsvorgängern ab. Es liegt auf der Hand, daß wiederum besonders der geschichtlichen Entwicklung, daneben aber auch den tatsächlichen Verhältnissen für die Gebietshoheit im Wattenmeer eine entscheidende Bedeutung zukommt. So ist es beispielsweise auch vom Deutschen Reich in den Verhandlungen mit den Niederlanden in dem Streit um das Wattenmeer der Emsmündung ständig vertreten worden[148]. Bei der rechtlichen Beurteilung des abgeleiteten Erwerbs der Länder beurteilt sich der ursprüngliche Gebietserwerb als Vorgang der Rechtserzeugung selbstverständlich nach dem Recht seiner Entstehungszeit, seine Weitergeltung aber nach dem Recht der Gegenwart, also insbesondere nach dem Grundgesetz[149].

2. Die Entwicklung der Gebietshoheit im Wattenmeer

Als Teil des Meeres, in welchem die Küstenbewohner schon seit ältester Zeit die Fischerei ausgeübt haben und — nicht selten gewaltsam und räuberisch — der Bergung von Strandgut nachgegangen sind, war das Wattenmeer (der „Vorstrand") vor der deutschen Nordseeküste ursprünglich hoheitsfrei. Der geschichtliche Prozeß seiner Einbeziehung in die Gebietshoheit der Küstenstaaten ist im Zusammenhang mit der Bildung moderner Territorialstaaten zu sehen. Anfänge und Abschluß dieses allmählichen Vorganges lassen sich nicht exakt datieren, sondern nur annähernd in Zeiträumen angeben. So bildeten sich zunächst nur örtlich und gegenständlich beschränkte Rechte der Landesherren, wie beispielsweise das Recht der Austernfischerei und bestimmte lokale Fischereirechte im nordfriesischen Watt[150], während die übrige Fischerei im Wattenmeer als Seefischerei keinen landesherrlichen Beschränkungen unterlag. Vielfach wirft der Versuch einer Bestimmung der Rechtsnatur älterer Rechte des Landesherrn am Wattenmeer Probleme auf, weil diese sich einer eindeutigen Zuordnung der neuzeitlichen (in Kontinentaleuropa anläßlich der Herausbildung der Territorialhoheit von *Grotius* aus dem Römischen Recht übernommenen) Unterscheidung zwischen der

---

[148] s. o. Anm. 147, RGZ 122, Anh. S. 7. Vgl. dazu *Hermann Aubin / Eberhard Menzel*, Die niederländischen Ansprüche auf die Emsmündung, Hamburg 1951, S. 11 ff. Auch im Lübecker-Bucht-Fall selbst wurde die Frage der Gebietshoheit auf der Grundlage der unvordenklichen Ersitzung einzelner Hoheitsrechte (Fischerei-, Schiffahrtshoheit) entschieden, a.a.O., S. 1, 7, 11 ff. Aus der umfangreichen völkerrechtlichen Praxis vgl. *Max Hubers* Schiedsgerichtsentscheidung im Island of Palmas Case (Netherlands v. U.S.A.) vom April 1928, Reports of International Arbitral Awards, Vol. II, S. 829.

[149] Dieser Satz des intertemporalen Rechts wurde von *Max Huber* im Palmas-Fall für das Völkerrecht herausgestellt, vgl. Anm. 148, S. 845; sein Grundgedanke liegt aber z. B. auch Art. 123 Abs. I GG zugrunde, vgl. *Theodor Maunz*, in: *Maunz-Dürig-Herzog-Scholz*, Grundgesetz, Art. 123, Rdn. 1, 8 f.

[150] Vgl. *Falck* (Anm. 27), 3. Bd., 1. Abteilg. Altona 1835, S. 469 f.

Gebietshoheit (imperium) und dem Grundeigentum (dominium) entziehen[151]. Ein gutes Beispiel dafür ist etwa die Vorschrift des 1241 in Schleswig eingeführten Jütischen Rechts: „Wente alle Vorstrande syn des Königes"[152].

In der Rechtswissenschaft hat die Entwicklung der Gebietshoheit im Wattenmeer eine vergleichsweise geringe Aufmerksamkeit gefunden[153], denn das Hauptinteresse richtete sich auf die mit der Eigentumsordnung zusammenhängenden Fragen. Dies waren zunächst vor allem die von den weitergeltenden Partikularrechten[154] geregelten Probleme der land- und seewärtigen Begrenzung des im gemeinen — d. h. privatrechtlichen, mit dem Gemeingebrauch belasteten — Eigentum des Staates stehenden Strandes, mit denen sich auch die Rechtsprechung zu befassen hatte[155]. Erst in späterer Zeit kamen auch Fragen des Privateigentums am Wattenmeer selbst hinzu[156].

Der Prozeß der Ausdehnung staatlicher Hoheitsgewalt über das Wattenmeer verlief örtlich unterschiedlich. Hamburg und Bremen schlossen bereits 1587 einen 1692 erneuerten Grenzvertrag[157], in welchem die Wattengebiete vor dem hamburgischen Ritzebüttel und dem bremischen Land Wursten durch eine Peillinie voneinander abgegrenzt wurden, um die räumlichen Zuständigkeiten für die Erhebung des Bergegeldes zu klären. Unter Hinweis auf diese Grenzverträge wies der Hamburger Syndicus *Jacob Schuback* in seiner 1767 in deutscher Sprache erschiene-

---

[151] *Hugo Grotius*, Dr jure belli ac pacis libri tres, Buch II, Kap. III, § 4, deutsch von *Walter Schätzel*, Tübingen 1950; vgl. dazu *Georg Jellinek*, Allgemeine Staatslehre, 3. Aufl., Neudruck Kronberg/Ts. 1976, S. 399.

[152] Buch III, cap. 61 („Van Vrag"), § 2; vgl. dazu *Otto Kähler*, Das Schleswig-Holsteinische Landesrecht, 2. Aufl. Glückstadt 1923, S. 264; *Franz Hesse*, Zur Lehre vom Eigentum am Meeresstrand, Diss. Kiel 1911, S. 57; *Karl Marbach*, Der Vorstrand, Diss. Kiel 1933, S. 69.

[153] Gewöhnlich wird das Wattenmeer im Zusammenhang mit der Küstenmeerordnung behandelt, vgl. *Baus* (Anm. 123), S. 128. Auch *Hans Helfritz*, Der Meeresstrand im preußischen öffentlichen Recht der Gegenwart, in: Verwaltungsrechtliche Abhandlungen, Festschrift zum fünfzigjährigen Bestehen des Preußischen Oberverwaltungsgerichts, Berlin 1925, S. 62—83, behandelt hauptsächlich Probleme der Eigentumsordnung; desgl. das oben (Anm. 152) genannte Schrifttum. Zu den älteren Herrschaftsrechten vgl. insbesondere *Klaus-Dieter Stegemann*, Die schleswig-holsteinischen Meeresgewässer als Gegenstand des Privatrechts, Diss. Kiel 1966, S. 13—43, 61—91.

[154] An der holsteinischen Seite der Elbemündung galt das Dithmarscher Landrecht und subsidiär dazu das Gemeine Recht und das Sächsische Recht, vgl. *Kähler* (Anm. 152), S. 21.

[155] Zum Eigentum am Wattenmeer: Pr. OVG 62, S. 295 (betr. Pr. ALR); Pr. OVG 89, S. 205 (betr. Schleswigsches Recht); zum Status des Wattenmeeres selbst aber Pr. OVG 43, S. 284.

[156] Zur Entwicklung unter Art. 97 WRV und Art. 89 GG bis 1965 vgl. statt vieler *Stegemann* (Anm. 153), dazu § 1 Bundeswasserstraßengesetz vom 2. April 1968.

[157] Texte bei *Schuback* (Anm. 44), S. 191, Nr. 52; S. 207, Nr. 57.

nen, vorzüglichen Abhandlung über Strandrechte darauf hin, daß die Hamburger und Bremer Wattengebiete schon damals ohne Zweifel „über den Strand bis zur See selbst" reichten[158]. Wurde also das linkselbische Wattenmeer jedenfalls um die Mitte des 18. Jahrhunderts (wahrscheinlich aber schon früher) als hamburgisches Staatsgebiet angesehen, blieb die Staatsgebietsqualität des rechtselbischen, vor Dithmarschen gelegenen Wattenmeeres zunächst noch ungeklärt. *Schuback* vermerkt, daß nach Auffassung der an der Elbemündung wohnenden Deutschen niemand in einem fremden Gebiet Schiffbruchsgüter bergen und nach einem Schiffbruchsvorteil streben dürfe und fährt fort: „Wie weit aber ein solches Gebiet gehe, und ob selbiges auch auf die Sandbänke und Sandhügel im Meere, die dem Strand am nächsten liegen, zu ziehen sey, so daß auch allda Fremde ausgeschlossen werden können; darüber sind allezeit die größten Streitigkeiten entstanden, und es scheint, daß die Sache so lange in Zweifel müsse gelassen werden, bis durch Verträge der benachbarten Völker und durch vereinigte Vorschläge derselben, welches sehr zu wünschen wäre, etwas gewisses darinn ausgemacht wird"[159]. Seine Zweifel über die Einbeziehung der Sandbänke und Sandhügel im Meer wurden aber schon sehr bald durch die Entwicklung der Staatenpraxis überholt, indem die Staaten allgemein ein eigenes Küstenmeer einrichteten. Diese Meeresstreifen wurden ursprünglich allein zum Schutz der Neutralität oder aus fischereipolitischen Erwägungen beansprucht. Der König von Dänemark und Norwegen erließ am 18. Juni 1745 ein zuletzt 1779 erneuertes Verbot an ausländische Kaperer, innerhalb einer dänischen Meile (vier Seemeilen) vor der norwegischen Küste oder den vorgelagerten Bänken oder Felsen feindliche Schiffe aufzubringen[160]. Nach einem Zirkular von 1810 an sämtliche Zollstationen betreffend die „Beschützung aufgebrachter Schiffe, wenn sie Dänische sind oder innerhalb der Königlichen Territorialhoheitsgränze genommen sind"[161], galt die Territorialhoheitsgrenze von einer (dänischen) Meile vom Lande aus auch in Schleswig-Holstein. Eine entsprechende Fischereigrenze wurde schon 1747 für einen Teil der norwegischen Küste eingeführt[162]. *Fritz Münch* stellte fest, daß der „Neutralitätsstreifen . . . um 1800 eigentlich der einzige, aber fest begründete Kern des heutigen Küstenmeeres" war[163]. Die Entwicklung von der Neutralitätsgrenze zur

---

[158] a.a.O. (Anm. 27), S. 308, Fn. (m).

[159] a.a.O. (Anm. 27), S. 306, 307 f.

[160] Zit. bei *Stegemann* (Anm. 153), S. 82; *Fulton* (Anm. 71), S. 567.

[161] Chronologische Sammlung der in den Jahren 1748—1849 ergangenen königl. Verordnungen u. Verfügungen für die Herzogtümer Schleswig und Holstein, (. . .), Kiel 1791 ff., 1810, S. 309; zit. bei *Baus* (Anm. 123), S. 48; *Stegemann* (Anm. 153), S. 82 f.

[162] *Fulton* (Anm. 71), S. 568.

[163] Die technischen Fragen des Küstenmeers, Kiel 1934, S. 47.

Staatsgrenze fand einen vorläufigen Abschluß in der Königlichen Resolution vom 22. Februar 1812, in welcher es heißt: Wir wollen als Regel festsetzen, daß in allen Fällen, in welchen eine Frage der Bestimmung unserer Territorialhoheitsgrenze im Meer entsteht, diese Grenze im Abstand von einer gewöhnlichen Seemeile von den äußersten Inseln und Inselchen vor dem Lande, die nicht von der See überspült werden, verlaufen soll[164]. Diese Resolution fand nach Auffassung der älteren Rechtslehre auch in den Herzogtümern Schleswig und Holstein Anwendung und wurde in der Praxis zum Beispiel 1845 gegenüber ausländischen Muschelfischern an der schleswigschen Westküste durchgesetzt[165]. Ihre Grundsätze wurden erneut in der ausführlichen Königlichen Resolution vom 8. Juni 1863 dargelegt, in welcher sich auch schon die 1865 erfolgte Umstellung der dänischen Vierseemeilenzone auf die international anerkannte Dreiseemeilenzone ankündigte[166].

Mit der Entwicklung des Küstenmeeres aus der Neutralitätszone erfolgte zugleich die Einbeziehung der vorgelagerten Inseln, Inselchen, Sandbänke und Felsen in das Staatsgebiet des Küstenstaates. Den wesentlichen Grund dafür, diese geographischen Erscheinungen nicht als staatsfreie *terra nullius* anzusehen, hat Lord *Stowell* 1805 seinem bereits erwähnten Urteil in dem Prisenfall „The Anna" zugrundegelegt, indem er auf die Gefahr für die Sicherheitsinteressen des Küstenstaates hinwies, wenn die Inseln vor dessen Flußmündungen von fremden Mädchen okkupiert und zur Kontrolle der Flußmündung befestigt werden könnten[167]. Dieser Gedanke trifft selbstverständlich auch auf die Sicherheitsinteressen eines Küstenstaates mit einer Wattenmeerküste zu.

Die Neutralitätszone bzw. das Küstenmeer wurden ursprünglich von dort aus bemessen, wo man ohne Schwierigkeiten Kanonen aufstellen konnte, also gewöhnlich von der mittleren Hochwasserlinie. Es waren fischereipolitische Erwägungen, welche die Staaten die *Niedrigwasserlinie* als Ausgangslinie für ihr Küstenmeer wählen ließen. Seit dem englisch-französischen Vertrag vom 2. August 1839 über die Fischereigrenzen[168] wurde die Niedrigwasserlinie allgemein als Ausgangslinie für das Küstenmeer angenommen. Der Norddeutsche Bund legte sie 1868 seinem Fischereiabkommen mit Großbritannien[169] als Ausgangslinie für das

---

[164] Amtliche französische und englische Übersetzung im Fisheries Case (United Kingdom v. Norway), ICJ-Rep. 1951, S. 134; deutsche Übersetzung vom Verf.

[165] Vgl. *Falck* (Anm. 27), 1. Bd., Kiel 1825, S. 16 Fn. 1; *Baus* (Anm. 123), S. 49; *Stegemann* (Anm. 153), S. 84.

[166] s. o. Anm. 52; *Böhmert* (Anm. 98), S. 29 ff.; *Baus* (Anm. 123), S. 51.

[167] s. o. Anm. 145.

[168] *de Clercq*, Recueil des Traités de la France, Bd. 4 (1831—1842), Paris 1880, S. 497; vgl. dazu *Fulton* (Anm. 71), S. 612.

[169] *Hertslet*, Commercial Treaties, Bd. XIV, S. 1055.

Küstenmeer zugrunde, das Deutsche Kaiserreich folgte ihm 1874 darin[170], und auch das Nordsee-Fischereiabkommen von 1882[171] und die deutsche Prisenordnung von 1909[172] gingen von der Niedrigwasserlinie aus. Diese Linie ist inzwischen auch völkergewohnheitsrechtlich anerkannt und findet demnach in allen Fällen Anwendung, in denen es die Staaten nicht gemäß Art. 4 der Genfer Küstenmeerkonvention von 1958 vorgezogen haben, gerade Basislinien zur seewärtigen Begrenzung ihrer marinen Eigengewässer einzuführen.

Mit der Verlagerung der Staatsgrenze auf die Niedrigwasserlinie setzte sich auch die Unterscheidung zwischen Eigengewässern und Küstenmeer durch. So konnte das Preußische Oberverwaltungsgericht 1903 in einem die Entenjagd im schleswig-holsteinischen Wattenmeer betreffenden Urteil feststellen, „daß die zwischen dem Festland und den vorgelagerten Inseln befindlichen, unter der Bezeichnung Wattenmeer begriffenen Teile des Meeres nicht nur der Territorialhoheit des betreffenden Staates unterworfen, sondern zum Staatsgebiet gehörig zu betrachten sind"[173], weil der Küstenstaat sein öffentliches Recht darüber ausgedehnt hatte. Das Gericht unterschied das Wattenmeer also einerseits vom seewärts gelegenen Küstenmeer, über welches der Staat nach lange vorherrschender Rechtsauffassung nur „Territorialhoheit" in Form einzelner Hoheitsrechte besaß[174], und andererseits vom landwärtigen, der Eigentumsordnung unterworfenen Strand.

Zusammenfassend kann man also davon ausgehen, daß im rechtselbischen Wattenmeer die bei mittlerem Hochwasser nicht überspülten Sandinseln schon zu Beginn des vorigen Jahrhunderts, ferner die Sandbänke bis zur Niedrigwasserlinie etwa um die Mitte des Jahrhunderts zum Staatsgebiet gehörten. Die Entwicklung war also schon weitgehend abgeschlossen, als Schleswig-Holstein 1867 preußische Provinz wurde, so daß die Feststellung des Deutschen Reiches bei den Verhandlungen zum Nordsee-Fischereiabkommen von 1882[175], das gesamte Mündungsgebiet der Elbe gehöre als Eigengewässer zum Reichsgebiet, nur die bereits vorgefundene Rechtslage wiedergab.

---

170 *Hertslet* (Anm. 169), S. 1057 f.

171 RGBl. 1884, S. 25, Art. 2.

172 RGBl. 1914, S. 275, § 3 lit. a.

173 Urt. v. 16. März 1903, Pr. OVG 43, S. 284 (286).

174 Nach älterer dänischer Auffassung gehörte aber auch das Küstenmeer zum Territorium, vgl. *Stegemann* (Anm. 153), S. 87. Die sog. Servitutstheorie wurde noch von *Franz von Liszt / Max Fleischmann*, Das Völkerrecht, 12. Aufl. Berlin 1925, S. 144, vertreten; anders schon *Walter Schücking*, Das Küstenmeer im internationalen Rechte, Diss. Göttingen 1897, S. 87; *ders.*, Der Kodifikationsversuch betreffend die Rechtsverhältnisse des Küstenmeeres und die Gründe seines Scheiterns, Breslau 1931, S. 16; insgesamt zu der Theorie *Hans-Wolf Coenen*, Das Küstenmeer im Frieden, Leipzig 1933, S. 17 ff.

175 s. o. Anm. 146.

3. Die Zugehörigkeit des rechtselbischen Wattenmeers zu Schleswig-Holstein

Es kann nicht genug betont werden, daß es sich bei dem Wattenmeer ganz überwiegend um *Landgebiet* handelt. Geschichtlich gehört die Ausdehnung der küstenstaatlichen Gebietshoheit über das Wattenmeer in Europa also noch in den Zusammenhang der Bildung moderner Territorialstaaten, gleichsam als Vordringen des Küstenstaates in die letzten Streifen staatsfreien Landes vor seiner Küste, während der etwa zur gleichen Zeit zunächst mit der Bildung von Küstenmeeren beginnende und seewärts desselben bis heute nicht abgeschlossene Prozeß der allmählichen Ausdehnung küstenstaatlicher Jurisdiktionsbefugnisse über das Meer nicht primär auf Gebietshoheit, sondern auf den Erwerb exklusiver Rechte angelegt ist. Rechtlich handelte es sich bei der Einbeziehung des Wattenmeeres um einen Fall des Gebietserwerbs. Dieser wird seit der Herausbildung moderner Territorialstaaten vom Völkerrecht geregelt.

Nach dem nicht mit dem Alluvionsregal[176] zu verwechselnden originären Erwerbstitel der *Alluvion*[177] kommt ein neugebildetes Landgebiet in Grenzflüssen oder an Meeresküsten automatisch unter die Gebietshoheit desjenigen Staates, an dessen Staatsgebiet es sich anlagert. Mit der Einführung gerader Basislinien und der allgemeinen Anerkennung der Gebietshoheit über das Küstenmeer hat diese Art des natürlichen Gebietserwerbs in unserem Jahrhundert allerdings ihre frühere Bedeutung verloren. Im Wattenmeer bestand diese vor allem darin, daß einzelne neugebildete Sandbänke *ipso facto* zum Staatsgebiet des Küstenstaates gehörten, sobald sie rechtlich als „Landgebiet" anzusehen waren. Das rechtselbische Watt ist aber insgesamt schon anläßlich der Verlagerung der Staatsgrenze auf die Niedrigwasserlinie holsteinisches Staatsgebiet geworden. Der Rechtsgedanke der Alluvion spielte dabei insofern eine Rolle, als auf seiner Grundlage die geographische Zusammengehörigkeit als rechtliche Einheit Anerkennung fand, ein Rechtsgedanke, der im modernen Völkerrecht seinen Ausdruck in dem Grundsatz der Kontiguität gefunden hat[178]. Ältere Landkarten zeigen schon, daß dieses Gebiet von alters her eine mit dem Dithmarscher Ufer verbundene, vom

---

[176] In den Marschen hatte sich am eigentumsfähigen Außendeichsland (Vorland) ein Alluvionsregal des Landesherrn gebildet, welches sein Eigentum an dem neugebildeten Land begründete, vgl. *Falck* (Anm. 150), S. 424; *Kähler* (Anm. 152), S. 267 f.

[177] Zu den Gebietstiteln vgl. statt vieler *Eberhard Menzel,* Gebietserwerb, in: *Strupp / Schlochauer,* Wörterbuch des Völkerrechts, Bd. 1 (1960), S. 616 ff.

[178] Auf die Bedeutung der Kontiguität als „Komplementärtitel" zur Ergänzung völkerrechtlicher Erwerbstitel wurde erst in jüngerer Zeit hingewiesen von *Dieter Schenk,* Kontiguität im Völkerrecht, Münchener Diss., Ebelsbach 1978, S. 101 ff.

linkselbischen Wattenmeer und dem niedersächsischen Ufer aber durch den breiten Strom der (Süder-) Elbe getrennte, natürliche geographische Einheit bildet. Dabei kann es nicht ins Gewicht fallen, daß das Watt von zahlreichen Prielen zerschnitten ist und Gelbsand und Großer Vogelsand von dem unmittelbar mit dem Dithmarscher Ufer verbundenen Hakensand durch den verhältnismäßig schmalen Mündungsarm der Norderelbe[179] getrennt werden.

Als zweiter Erwerbsgrund zugunsten der holsteinischen Territorialherren kommt die *unvordenkliche Ersitzung* der rechtselbischen Wattengebiete in Betracht. In Ermangelung einer Grenzlinie erkennt das Völkerrecht einen Raum als Teil eines Staatsgebietes an, wenn der Staat dort seine Hoheitsgewalt effektiv ausübt. Anders gesagt, das Recht am Gebiet folgt der effektiven Hoheitsausübung über das Gebiet[180]. Effektiv ist seine Hoheitsgewalt dann, wenn der Staat in dem Gebiet die Ausübung fremder Hoheitsgewalt verhindern und die Rechte fremder Staatsangehöriger schützen kann. Ferner muß die Hoheitsausübung langandauernd und im wesentlichen ungestört sein, um die Voraussetzungen der unvordenklichen Ersitzung zu erfüllen. Hinter diesem Erwerbsgrund steht der Rechtsgedanke, daß eine dauerhafte und ungestörte Hoheitsausübung über ein Gebiet im Interesse des Rechtsfriedens als Gebietshoheit völkerrechtlich geschützt und nur noch mit Zustimmung des ausübenden Staates geändert werden soll.

Die besondere Bedeutung dieses Erwerbstitels auch für Gebietsstreitigkeiten zwischen den Gliedstaaten eines Bundesstaates, wenn sich im küstennahen Hoheitsgebiet eine Grenzlinie nicht feststellen läßt, hat auch der Staatsgerichtshof für das Deutsche Reich in dem bereits erwähnten Lübecker-Bucht-Fall erkannt[181]. Selbstverständlich kommt es für den Nachweis dieses Gebietserwerbs wiederum auf die geschichtliche Entwicklung der küstenstaatlichen Hoheitsausübung an. Dabei können wir im folgenden auf die obige Darstellung der allgemeinen Entwicklung verweisen und uns bis zum Beginn des 19. Jahrhunderts auf ein besonders deutliches Gebiet landesherrlicher Hoheitsgewalt über das rechtselbische Watt beschränken, das im Zusammenhang mit dem von den holsteinischen Küstenbewohnern ausgeübten *Strandrecht* steht.

---

179 Mit etwa vier Seemeilen Breite erreicht die Norderelbe zwischen Gelbsand und Hakensand weniger als ein Viertel der mittleren Entfernung zwischen dem Gelbsand und dem linkselbischen Wattenmeer, vgl. die amtliche Seekarte Nr. 44 D, hrsg. vom Deutschen Hydrographischen Institut, 4. Ausgabe, Hamburg 1978.

180 So schon *Alfred Verdross*, Die Verfassung der Völkerrechtsgemeinschaft, Wien u. Berlin 1926, S. 195; heute allgemein anerkannt, vgl. statt vieler *E. Wehser* in: *Menzel / Ipsen*, Völkerrecht, München 1979, S. 162 f.; dort auch zu den einzelnen Gebietstheorien, S. 146.

181 s. o. Anm. 147.

Von *Schuback* als „Befugnis, vom Strande auf alle Art und Weise, vornehmlich in Ansehung der durch Schiffbruch an denselben gebrachten Güter, Nutzung zu ziehen"[182], definiert, wird es heute gewöhnlich als Sonderfall eines zivilrechtlichen Aneignungsrechts betrachtet[183]. Es durfte in der Elbemündung von den Landesbewohnern nur an eigenem oder staatsfreiem, nicht aber an fremdem Gebiet ausgeübt werden[184]. Selbstverständlich bekämpfte Hamburg das seine Schiffahrtsinteressen verletzende holsteinische Strandrecht unter Berufung auf seine „Elbehoheit" und versuchte, es durch Vereinbarungen mit den holsteinischen Landesherren zu beseitigen. Zugleich bemühte sich die Stadt darum, ihr eigenes Hoheitsgebiet in der Elbemündung, in welchem das Strandrecht aufgehoben war und stattdessen nur ein vergleichsweise geringer Bergelohn gezahlt wurde, möglichst weit auszudehnen.

Schuback hat im Zusammenhang mit dem Strandrecht um die Mitte des 18. Jahrhunderts drei verschiedene Hoheitsbefugnisse des Landesherrn unterschieden: Erstens, die Strandgerichtsbarkeit (*jurisdictio littoralis*) im engeren Sinne. Dies war die „Macht, welche dem Landesherrn zukommt, in Sachen, die den Strand betreffen, zu erkennen"[185], also die landesherrliche Gerichtsgewalt. Zweitens, die Jurisdiktion im weiteren Sinne, welche einschließt „auch die Vertheidigung des Strandes, die Sorge für denselben, ja noch viel mehrere Rechte . . ., die von der höchsten Herrschaft, welche der Herr des Strandes ausübt, herrühren"[186], mit anderen Worten also die landesherrliche Gesetzgebungs- und Exekutivgewalt über den Strand. Dort nicht besonders erwähnt, aber zweifellos in die höchste Herrschaftsgewalt des Landesherrn eingeschlossen, ist auch dessen Kompetenz, mit auswärtigen Mächten Vereinbarungen über das Strandrecht in seinem Hoheitsgebiet zu schließen. Die dritte Form landesherrlicher Hoheitsbefugnisse könnte man modern als die mit dem Strandrecht verbundenen öffentlichrechtlichen Schutz- und Verwahrungspflichten beschreiben: „Dem Fürsten, oder Herren des Strandes liegt, nebst der Erhaltung der öffentlichen Wohlfahrt, auch die Sorge für die schiffbrüchigen Güter auf. Denn sein Ansehen ist hauptsächlich dazu erforderlich, daß den Schiffbruch leidenden kein Unrecht widerfahre: daher auch in einer ieden wohleingerichteten Republik den Beamten und anderen in Bedienung stehenden Personen mit anbefohlen zu werden pfleget, daß sie für die Sicherheit des Lebens und der Güter derer, die Schiffbruch leiden, Sorge tragen sollen"[187]. Der Schutz von

---

182 s. o. Anm. 27, S. 12.

183 Vgl. *Stegemann* (Anm. 153), S. 76.

184 *Schuback* (Anm. 27), S. 306 f., weist dies an Hand von Beispielen nach.

185 *Schuback* (Anm. 27), S. 13.

186 a.a.O., S. 14.

187 a.a.O., S. 15 f.

Ausländerrechten als wesentlicher Bestandteil des modernen Begriffs der Gebietshoheit[188] klingt schon in diesem frühen Hinweis auf die landesherrlichen Schutzpflichten deutlich an.

Allerdings führt eine Untersuchung der Praxis landesherrlicher Hoheitsbefugnisse im Zusammenhang mit dem Strandrecht im Mündungsbereich der Elbe nur zu dem Ergebnis, daß vor Dithmarschen auch territoriale Jurisdiktion ausgeübt worden ist, und daß von holsteinischer bzw. dänischer Seite aus das gesamte rechtselbische Watt bis zum Beginn des 19. Jahrhunderts nicht zum Gebiet eines anderen Staates gerechnet wurde. Der Versuch einer genauen Begrenzung der territorialen Hoheitsbefugnisse scheitert aber an ungenauen Ortsangaben und vor allem daran, daß sich im Nachhinein nicht mehr feststellen läßt, ob eine Vorschrift auf der Grundlage territorialer oder personaler Hoheitsgewalt anzuwenden war. So berichtet *Schuback* beispielsweise u. a. von Strandungsfällen in Dithmarschen und anderen Landesteilen, in welchen die Herzöge von Holstein nach Hamburger Intervention auf die Anteile des Fiskus und des Bergers verzichteten[189]. Da er dabei als Strandungsort nur den Strand vor Dithmarschen angibt, bleibt im Einzelfall unklar, ob der Schiffbruch selbst auf holsteinischem Territorium stattgefunden hat oder die Schiffbruchsgüter später dorthin verbracht worden sind. Regelungen über den Verzicht auf das Strandrecht zugunsten fremder Schiffe ergingen zwar offensichtlich auf der Grundlage der Gebietshoheit, sie definieren die Grenzen ihres Geltungsbereiches aber nicht genau. Wie schon Christian III. im Jahre 1538 und Christian V. in seinem Edikt von 1687 gewährte auch Christian IV. von Dänemark als Herzog von Holstein 1603 den Hamburgern ein Privileg für „Schiffe, welche die Elbe auf und absiegeln" und dabei „in unsere Fürstenthumben, Landen und Gebieten bey der Elbe gelegen, strandeten, oder auf Sandt, oder Land zu sitzen oder zu Schaden kommen"[190]. Entsprechend betrafen königliche Verordnungen des 17. und 18. Jahrhunderts Schiffe, die auf „der See oder auf dem Elb-Strom verunglücket" sind und „sodann auf Königl. Strande vertrieben"[191]. Einzelne Vorschriften unterschieden zwischen seetriftigem und strandtriftigem Strandgut. Nach der Hochfürstlichen Schleswig-Holsteinischen Strandordnung vom 15. August 1712 richtete sich bei-

---

[188] Vgl. *Max Huber* im Palmas Fall (Anm. 148), S. 839.

[189] *Schuback* (Anm. 27), S. 222 ff., Fn. (g), S. 151, Fn. (e).

[190] s. o. Anm. 44 u. 45. Auszüge der Privilegien von 1538 und 1603 und des Ediktes von 1687 auch bei *Schuback* (Anm. 44), S. 160, Nr. 40; S. 198, Nr. 55; S. 207, Nr. 57.

[191] Erlaß des Oberpräsidenten von Altona vom 26. April 1729, vgl. bei *Schuback* (Anm. 44), S. 226, Nr. 62; dazu auch das Schreiben der Königlich-Dänischen Rentekammer vom 16. April 1729, a.a.O., S. 227, Nr. 62 b. Ferner die in Anm. 190 genannten Quellen, sowie schon das Schreiben Herzog Adolphs von Holstein von 1573 betr. die Herausgabe von Schiffbruchsgütern, „so ahn unserm lande Ditmarschen angestrandet", a.a.O., S. 182, Nr. 48.

spielsweise die Höhe des Bergelohns danach, ob die Schiffe und Güter vom „Strandvogt und Berger auf dem Sande und Strande geborgen" oder aber „auf offenem Seestrom, und nicht zwischen dem Lande und Sande gefunden" wurden[192]. Die dazu ergangene Verfügung der Deutschen Kanzlei in Kopenhagen (der höchsten Behörde für die Herzogtümer) vom 23. April 1729 stellt klar, daß das Strandrecht auch auszuüben sei bei einem Wrack, „es sei auf der See oder auf der Elbe . . . geborgen"[193]. Auch die Strandordnung der Herzogtümer Schleswig und Holstein vom 30. Dezember 1803, in welcher das Strandrecht endgültig aufgehoben wurde, bezieht sich in ihrer Definition des Strandgutes zweifellos auf das rechtselbische Wattenmeer und die Elbemündung:

„Strandgut ist alles, was von Schiffen, Gütern und Sachen an das feste Land und die Inseln einschließenden Küsten der Ost- und Westsee- und in den Meerbusen, Strömen und Flüssen antreibt, oder auf den Strand geräth, imgleichen alles von der Art, was auf offener See und den daselbst befindlichen Sandbänken, vom Schiffer und Schiffsvolk verlassen, treibend oder versunken angetroffen wird . . ."[194].

Dabei zählten die Teile des Wattenmeeres zur „offenen See und den daselbst befindlichen Sandbänken", welche Strandvogt und Berger vom Festland aus mit Hilfe der damals üblichen Pferdegespanne, d. h. ohne Boote, nicht erreichen konnten[195]. Dies waren zwar nicht alle, aber doch erhebliche Teile des rechtselbischen Wattengebietes.

Das rechtselbische Wattenmeer war für das Herzogtum Holstein bei der Aufhebung des Strandrechts im Jahre 1803 demnach jedenfalls kein ausländisches Gebiet. Die weitere Entwicklung der holsteinischen Gebietshoheit in dieser Region mündete dann in die oben dargestellte allgemeine Entwicklung der küstenstaatlichen Territorialhoheit über das vorgelagerte Gebiet ein. Man kann also davon ausgehen, daß das Gebiet einschließlich der holsteinischen Seite des Elbestromes völkerrechtlich jedenfalls seit der bereits erwähnten Königlichen Resolution von 1812[196] zum holsteinischen Staatsgebiet gehörte.

Es dauerte allerdings eine längere Zeit, bis das Wattenmeer vom Küstenstaat nicht nur völkerrechtlich als eigenes Gebiet beansprucht wurde, sondern auch seiner eigenen Rechtsordnung unterworfen wurde. Das Herzogtum Holstein erwarb also vorerst die territoriale Souveränität und damit das im Völkerrecht begründete Recht, über das Wattenmeer als eigenem zu verfügen, während sich seine Gebietshoheit (d. h. die rechtliche Beziehung zwischen der Staatsgewalt des Küstenstaates

---

[192] Corpus Constitutionum Regio Holsaticarum, Bd. 1, Altona 1749, 4. Teil.
[193] a.a.O., S. 1304.
[194] Chronologische Sammlung (Anm. 161), 1803, S. 134.
[195] Vgl. *Baus* (Anm. 123), S. 41.
[196] s. o. S. 61.

und seinem Wattenmeer) während der ersten Hälfte des vorigen Jahrhunderts allenfalls in einzelnen Hoheitsakten des innerstaatlichen Rechts äußerte[197]. Eine formelle Anwendungserklärung der gesamten innerstaatlichen Rechtsordnung erfolgte erst nach der preußischen Annexion der Herzogtümer Schleswig und Holstein, als 1882 auch das Wattenmeer bei der Inkommunalisierung der Binnen- und Küstengewässer in der Provinz Schleswig-Holstein in die Gemeindebezirke der Ufergemeinden einbezogen wurde[198]. Zutreffend sah das Preußische Oberverwaltungsgericht in Übereinstimmung mit den Verwaltungsbehörden in seinem Urteil vom 16. März 1903[199] über die Entenjagd im schleswig-holsteinischen Wattenmeer die Inkommunalisierung als Voraussetzung dafür an, daß das Wattenmeer dem übrigen Staatsgebiet hinsichtlich der Anwendung des innerstaatlichen öffentlichen Rechts gleichstehe. Es wäre aber irrig, deswegen anzunehmen, es sei erst 1882 Staatsgebiet geworden.

Preußen behandelte das rechtselbische Wattenmeer schon vor 1882 als Teil seiner Provinz Schleswig-Holstein und beharrte auch später auf dieser Haltung. Die Strandämter Friedrichskoog und Brunsbüttel waren nach landesrechtlicher Anordnung aufgrund der Strandungsordnung des Reiches vom 17. Mai 1874 für die Strände und Watten auf der rechten Seite der Elbemündung zuständig[200]. Anläßlich einer Neueinteilung der Strandvogteibezirke in Schleswig-Holstein im Oktober 1900 ergab sich ein längerer Meinungsaustausch mit Hamburg über die Zuständigkeit für die rechtselbischen Sände Medemsand, Spitzsand und Gelbsand, in dem Preußen auf der Zugehörigkeit dieser Gebiete zu seiner Provinz bestand[201].

Diese Auffassung wurde auch nach dem zweiten Weltkrieg durch die britischen Besatzungsbehörden bestätigt, als die Militärregierung im Juli 1949 die Verfügung über Wehrmachtsanlagen auf der ehemaligen Flakinsel Medemsand entgegen niedersächsischen Vorstellungen dem Kieler

---

[197] Zum Unterschied zwischen territorialer Souveränität und Gebietshoheit vgl. *Alfred Verdross / Bruno Simma / Rudolf Geiger*, Territoriale Souveränität und Gebietshoheit, Österr. Zeitschr. für Öffentliches Recht und Völkerrecht, Bd. 31 (1980), S. 223 ff.

[198] Die Inkommunalisierung erfolgte nach § 1 Abs. 2 der VO vom 22. September 1867 betr. Landgemeindeverfassungen im Gebiete der Herzogtümer Schleswig-Holstein (prGS, S. 1603) durch Erlaß des Pr. Innenministers vom 11. März 1882 (Vol. I, Tit. IV, Lit. D, Nr. 8, Bl. 106 ff.) i.V.m. dem Erlaß des Oberpräsidenten der Provinz Schleswig-Holstein vom 25. März 1882 (I-Nr. O. P. 1168). Vgl. dazu auch *Stegemann* (Anm. 153), S. 89 f.; *Erich Andresen*, Rechtsverhältnisse der Küstengewässer, Schl.-Holst. Anzeigen 1960, S. 43, 48 f.; *W. Rimann*, Die Rechtsverhältnisse seewärts der Strandlinie in Schleswig-Holstein, Schl.-Holst. Anzeigen 1961, S. 69, 95 ff.

[199] Pr. OVG 43, S. 284 (286).

[200] Vgl. bei *Ewald / Graf* (Anm. 140), S. 132, Nr. 21.

[201] Vgl. *Baus* (Anm. 123), S. 210.

Sozialministerium und nicht der Landesregierung in Hannover übertrug[202]. Im gleichen Jahr gab es zwischen beiden Ländern auch einen Meinungsaustausch über die Zuständigkeit für die Genehmigung der Anlage einer Muschelkultur auf dem Gelbsand, die unbeschadet der Meinungsverschiedenheiten über den Grenzverlauf von Schleswig-Holstein erteilt wurde[203]. Schließlich gehen auch die Vorstellungen der Kieler Landesregierung über den Grenzverlauf in der Elbemündung davon aus, daß die rechtselbischen Wattengebiete schleswig-holsteinisches Staatsgebiet sind.

4. Niedersächsische bzw. hamburgische Ansprüche auf das rechtselbische Wattenmeer

Die niedersächsischen Vorstellungen über den Grenzverlauf im Elbmündungsgebiet setzen demnach voraus, daß das Land am rechtselbischen Wattenmeer ebenfalls Territorialhoheit erworben hat, so daß dort — ähnlich wie am streitigen Teil der Lübecker Bucht in dem gleichnamigen Fall des Staatsgerichtshofs[204] — beide Länder ihre Gebietshoheit ausüben können. Da die Länder Hamburg und Niedersachsen im Elbmündungsgebiet auch nur abgeleitete Gebietsansprüche geltend machen, ist wiederum vom originären Gebietserwerb auszugehen und die Kontinuität der Territorialhoheit bis in die Gegenwart zu prüfen.

Als Ausgangspunkt für gegenwärtige Ansprüche auf das rechtselbische Wattenmeer kommt nur der Erwerbstitel der unvordenklichen Ersitzung durch Hamburg zu einer Zeit in Betracht, als das ehemalige Amt Ritzebüttel mit den Inseln Neuwerk und Scharhörn und den umliegenden linkselbischen Watten noch eine hamburgische Exklave bildete. Dabei muß allerdings das Gros der in der hamburgischen „Elbehoheit" vereinigten Hoheitsrechte unberücksichtigt bleiben, da diese, wie schon dargelegt wurde[205], ihrer Natur nach nicht territorial waren und die Elbe außerhalb des hamburgischen Staatsgebiets nicht der Gebietshoheit Hamburgs unterwarfen. Sieht man von der „Elbehoheit" ab, so lassen sich aber kaum einschlägige Äußerungen hamburgischer Hoheitsgewalt finden, von denen man auf eine auf unvordenklichem Erwerb beruhende, eigene Hamburger Gebietshoheit über das rechtselbische Wattenmeer schließen könnte. Die Hamburger Neuwerks-Rollen von 1672 und 1719 erlaubten den Ritzebütteler und Neuwerker Fischern unter anderem zwar auch, beim Fischen auf der Elbe seetriftige Kaufmannsgüter zu bergen. Die Verordnungen unterschieden ferner für die Höhe des Bergelohns

[202] Mitteilung Dr. *Gebel*, Schl.-H. Innenministerium, Kiel.
[203] Wie Anm. 202.
[204] s. o. Anm. 147, S. 12.
[205] s. o. S. 32.

zwischen Gütern, die „am grünen und anderen zum Neuen-Werck gehörigen Sande und Strande, woselbst man mit Wagen beykommen kann geborgen" und anderen, die „über Reef und Strohm geholet" wurden[206]. Territoriale Geltung in Gebieten jenseits von „Tiefe oder Reef", also im rechtselbischen Wattenmeer, beanspruchten diese Neuwercks-Rollen im Gegensatz zum eigenen linkselbischen Gebiet aber nicht, wie auch aus *Schubacks* Hinweis auf die ungeklärte Gebietszugehörigkeit der übrigen „Sandbänke und Sandhügel im Meer" hervorgeht[207].

Andererseits ist nicht zu verkennen, daß die bereits zitierte Stellungnahme des Hamburger Senats aus dem Jahre 1873[208] betr. die hamburgische Gebietshoheit über das linkselbische, nicht aber das rechtselbische Wattenmeer vollkommen mit der Entwicklung der hamburgischen Gebietshoheit über Neuwerk und seinen Nutzungsrechten an der Elbe wie auch mit der Entwicklung des holsteinischen Staatsgebiets zur rechten Hand der Elbe übereinstimmt. Allerdings wurde diese Stellungnahme während des Streites mit Preußen über die Zuständigkeiten der Strandämter für die rechtselbischen Sände in den Jahren 1900 bis 1904 von hamburgischer Seite schlicht als Irrtum dargestellt[209]. Die erwähnten Meinungsverschiedenheiten und die dabei von Hamburg geäußerte Auffassung über den Grenzverlauf erweisen sich nachträglich jedoch als ein Streit um die historisch auf die hamburgische „Elbehoheit" zurückgehende funktionale Zuständigkeit des hamburgischen Strandamtes für bestimmte Angelegenheiten auf beiden Elbufern, nicht aber um seinen auf der hamburgischen Gebietshoheit beruhenden Amtsbereich. Nach § 2 der Hamburgischen Ausführungs-Verordnung vom 3. November 1930[210] zur (Reichs-) Strandungsordnung umfaßt der Amtsbereich des genannten Strandamtes „den Hafen von Cuxhaven, die Küsten des Hamburgischen (jetzt des früheren . . .) Amtes Ritzebüttel und der Inseln Neuwerk und Scharhörn sowie die Wasserflächen (des Hamburgischen Staatsgebiets) vor diesen Küsten". Im Unterschied dazu sollte das Strandamt unabhängig von der hamburgischen Gebietshoheit nach § 3 Abs. 2 der Verordnung auch zuständig sein für „die Festsetzung von Berge- und Hilfslohn und die Erstattung sonstiger Bergungs- und Hilfskosten auf der unteren Elbe . . . bis zur Elbmündung an der Küste des Hamburgischen Amtes Ritzebüttel und an der Küste der Provinz Holstein bis zur Barlter Schleuse und dem Schleusenstrom".

---

206 Art. 9 der Neuen-Wercks Rolle vom Jahr 1719, vgl. bei *Schuback* (Anm. 44), S. 216, Nr. 60; ähnlich schon Art. 1 u. 4 der Nienwarcker Rolle vom 10. Januar 1672, a.a.O., S. 202, Nr. 56.

207 s. o. S. 60.

208 s. o. S. 49.

209 s. o. Anm. 122, S. 7.

210 Hamb. GVOBl. 1930, S. 469.

Aber selbst wenn man einmal unterstellen würde, daß die Freie und Hansestadt Hamburg vor 1937 am rechtselbischen Wattenmeer territoriale Ansprüche erworben hätte, müßte auch hier wieder das schon im Zusammenhang mit der Niederelbegrenze dargelegte Argument der Diskontinuität dieser Ansprüche nach 1937 beachtet werden[211]. Das würde bedeuten, daß etwaige hamburgische Gebietsansprüche bei der Eingliederung der Exklave Ritzebüttel in die preußische Provinz Hannover durch das Groß-Hamburg-Gesetz von 1937 untergegangen wären, da das Land Preußen als übergeordnete Gebietseinheit bereits seit der Einverleibung Hannovers und Schleswig-Holsteins derartige Ansprüche auf rechtselbische Gebiete zurückgewiesen hat.

Zusammenfassend läßt sich also feststellen, daß das rechtselbische Wattenmeer mit den trockenfallenden Sandbänken Medemsand, Spitzsand, Gelbsand und Großer Vogelsand zu Schleswig-Holstein gehört und hamburgische oder niedersächsische Rechte an diesem Gebiet nicht bestehen. Im folgenden ist demnach davon auszugehen, daß die Ländergrenze nur in der Elbe selbst verlaufen kann.

---

[211] s. o. S. 51.

V. Die Ländergrenze in der Außenelbe

1. Die Grenzziehung als Zwischenländerproblem

Bei einer *Abgrenzung* geht es darum, eine Grenzlinie zwischen Gebieten zu schaffen, die im großen und ganzen schon zu dem einen oder anderen Staat bzw. Gliedstaat gehören. Im Unterschied zur *Aufteilung* eines gemeinsamen Gebietes bleibt der gebietsrechtliche Status des fraglichen Gebietes dabei im wesentlichen unverändert, es werden lediglich Zweifel der Zugehörigkeit von Teilgebieten geklärt. Dementsprechend kommt für eine Abgrenzung der Außenelbe geographisch auch nur der Strom selbst zwischen den rechtselbischen holsteinischen und den linkselbischen niedersächsischen bzw. hamburgischen Watten in dem Abschnitt von Cuxhaven bis zur seewärtigen Wattengrenze und anschließend daran das Meeresgebiet vor der Mündung bis zur Basislinie in Betracht.

Innerhalb unseres föderativen Staatsaufbaus gehören die Ländergrenzen als Binnengrenzen in den Zwischenländerbereich. Im Unterschied zu den Außengrenzen der Bundesrepublik betreffen sie das Gebiet von zwei oder mehreren Bundesländern[212], aber nicht den Bestand des Bundesgebietes. Als ein zweistufiger Vorgang (rechtliche Festlegung der Grenzlinie und physische Abmarkung) berührt eine Abgrenzung unmittelbar die hoheitlichen Interessen der aneinandergrenzenden Gliedstaaten und macht ihr praktisches Zusammenwirken bei der Grenzmarkierung unerläßlich. In diesem Sinne hat sie also einen unverkennbar prozessualen Aspekt und stellt sich damit als ein (formell allerdings nicht geregeltes) *Verfahren* dar. Als ein konkretes Rechtsverhältnis wird dieses Verfahren ganz wesentlich von dem ungeschriebenen Verfassungsgrundsatz des *bundesfreundlichen Verhaltens*[213] bestimmt. Dieser Grund-

---

[212] Neben Niedersachsen und Schleswig-Holstein ist auch das Land Hamburg Beteiligter an dem Abgrenzungsverfahren, in dem auch die Grenze seiner Exklave in der Elbemündung festgelegt wird. Ohne Bedeutung für seine Stellung als Verfahrensbeteiligter ist die im Durchführungsabkommen von 1967 (Anm. 133) aus vertragstechnischen Gründen vorgenommene Koppelung seiner Exklavegrenze an die schleswig-holsteinisch / niedersächsische Landesgrenze.

[213] Der 1916 von *Rudolf Smend*, Ungeschriebenes Verfassungsrecht im monarchischen Bundesstaat, in: Staatsrechtliche Abhandlungen, 2. Aufl. Berlin 1968, S. 39, 55 f., zuerst in seiner Bedeutung erkannte Grundsatz der „Bundestreue" oder des „bundesfreundlichen Verhaltens" ist vom BVerfG in ständiger Rechtsprechung entwickelt worden, vgl. BVerfGE 12, 205 (254 f.). Zum Schrifttum statt

satz bestimmt die Grenzziehung inhaltlich, indem er die Länder bei der Findung der richtigen Grenzlinie und der praktischen Kooperation für die Grenzmarkierung unter das verfassungsrechtliche Gebot der Zusammenarbeit nach Treu und Glauben stellt. Außerdem begrenzt er ihre verfassungsmäßige Betätigungsfreiheit durch das Gebot, bis zur endgültigen Festlegung der Grenzlinie in der betreffenden Region keine einseitigen Maßnahmen vorzunehmen, die möglicherweise den Interessen des Nachbarlandes zuwiderlaufen könnten.

Eine Abgrenzung ist aber nicht nur ein Verfahren, denn der Verlauf der Grenzlinie wird von *materiellen Abgrenzungsregeln* bestimmt. Dabei ist begrifflich zwischen der normativen Abgrenzungsregel selbst und den einzelnen geographischen Grenzkonzeptionen und mathematischen Abgrenzungsmethoden zu unterscheiden, mit deren Hilfe der Grenzverlauf definiert wird. Die rechtliche Diskussion von Abgrenzungsproblemen leidet häufig an der Unklarheit, ob mit Begriffen wie Mittellinien-, Talweg- oder Äquidistanz*prinzip* ein Rechtssatz gemeint ist, welcher eine bestimmte Methode für die Abgrenzung vorschreibt, oder nur die Methode als solche. Da beispielsweise die Mittellinienmethode als Ausdruck des Realteilungsgedankens in verschiedenen Rechtsgebieten und Rechtsordnungen unter unterschiedlichen rechtlichen Voraussetzungen angewendet wird — nämlich überall dort, wo Teile der Erdoberfläche (z. B. Grundstücke, Gemeindebezirke, Staatsgebiete, Meereszonen) verschiedenen Rechtssubjekten zugeordnet werden müssen —, kommt es im Einzelfall selbstverständlich entscheidend auf ihre inhaltliche Ausgestaltung und ihre rechtlichen Anwendungsvoraussetzungen an.

Da die Bundesländer in einem staatsrechtlichen Verhältnis zueinander stehen, gehören ihre Rechtsbeziehungen untereinander grundsätzlich dem innerstaatlichen Recht an, d. h. das Völkerrecht gilt jedenfalls nicht *unmittelbar* zwischen ihnen[214]. Das BVerfG hat die Lückenlosigkeit des Geltungsanspruchs der Bundesverfassung für die interföderativen Rechts-

---

vieler: *Hermann-Wilfried Bayer,* Die Bundestreue, Tübingen 1961, passim; *Klaus Stern,* Das Staatsrecht der Bundesrepublik Deutschland, Bd. I, München 1977, S. 544 ff. Kritisch zu Inhalt und Bedeutung des Grundsatzes, ohne jedoch seine Existenz zu bestreiten: *Konrad Hesse,* Der unitarische Bundesstaat, Karlsruhe 1962, S. 6 ff.; *ders.,* Grundzüge des Verfassungsrechts der Bundesrepublik Deutschland, 12. Aufl., Karlsruhe 1980, S. 109.

[214] Vgl. Südweststaaturteil, BVerfGE 1, S. 14 (51); Zweites Coburg-Urteil vom 30. Januar 1972 (2. Senat), BVerfGE 34, S. 216 (231); *Hans Schneider,* Verträge zwischen Gliedstaaten im Bundesstaat, VVDStRL Heft 19 (1961), S. 1, 14; *Heinz Peter Rill,* Gliedstaatsverträge, Wien, New York 1972, S. 150; *Walter Rudolf,* Die Bundesstaatlichkeit in der Rechtsprechung des Bundesverfassungsgerichts, in: Festgabe aus Anlaß des 25jährigen Bestehens des Bundesverfassungsgerichts, Bd. II (1976), S. 233, 242 ff.; *Stern* (Anm. 161), S. 490. Zu der Frage einer Anwendung *inkorporierten Völkerrechts* oder einer *Rezeption* von Völkerrecht im Zwischenländerbereich vgl. unten Abschnitte 2 b) und e).

beziehungen der Länder im Coburg-Urteil bestätigt[215]. Die Organe verschiedener Länder sind also auch in ihren Beziehungen untereinander gemäß Art. 20, 28 GG an „Gesetz und Recht" gebunden. Aufgrund des Vorrangs der Verfassung steht insbesondere die föderative Kompetenzordnung des Grundgesetzes (Art. 30, 70, 83 GG) nicht zu ihrer Disposition. Dies bedeutet aber weder, daß die Zwischenländerbeziehungen ihrer Natur nach insgesamt dem Verfassungsrecht angehören, noch daß sie in allen Einzelfragen ausschließlich vom Verfassungsrecht (Grundgesetz und ungeschriebene Verfassungsgrundsätze) geregelt werden[216]. Die gesuchten Abgrenzungsregeln können demnach neben dem Bundesverfassungsrecht auch in anderen Gebieten des innerstaatlichen Rechts mit Vorrang vor dem Landesrecht enthalten sein.

2. Die Suche nach den Abgrenzungsregeln

a) Innerhalb des *Grundgesetzes* könnten sich die gesuchten Abgrenzungsregeln möglicherweise aus dem wiederholt geänderten Art. 29 GG ergeben. Er enthält neben den hier nicht weiter interessierenden Vorschriften über die Neugliederung des Bundesgebiets (Abs. 1 bis 6) in seinem Absatz 7 auch eine Bestimmung über „sonstige Änderungen des Gebietsbestandes der Länder". Nach Wortlaut und Entstehungsgeschichte[217] regelt sie aber nur die gewöhnlich als „kleine Grenzbereinigung" bezeichnete Veränderung einer vorhandenen Grenzlinie, wie sie zum Beispiel mit der Neubildung der Hamburger Exklave Neuwerk durch den Staatsvertrag von 1961[218] vorlag. Wie schon der Staatsgerichtshof im wiederholt erwähnten Lübecker-Bucht-Fall[219] für den entsprechenden Art. 18 der Weimarer Reichsverfassung feststellte, betrifft Art. 29 Abs. 7 GG nicht den anders gelagerten Sachverhalt eines Streites um

[215] BVerfGE 34, S. 231 f.

[216] Derselbe 2. Senat hat schon in seinem Urteil vom 7. April 1976 über den Staatsvertrag über die Vergabe von Studienplätzen präzisiert, daß die Länder zwar stets in einem „verfassungsrechtlichen Verhältnis" zueinander stehen, aber nicht alle Ansprüche zwischen ihnen diesem Grundverhältnis angehören, sondern sogar im Falle eines Staatsvertrages einmal verwaltungsrechtlicher Natur sein können, BVerfGE 42, S. 103 (113). Die Feststellung der „lückenlosen" Regelung der Zwischenländerbeziehungen im Coburg-Urteil wendet sich gegen die unmittelbare Anwendung des Völkerrechts und betrifft damit nur die Alternative Verfassungsrecht oder Völkerrecht, vgl. BVerfGE 34, S. 232.

[217] Vgl. dazu *Evers*, Bonner Kommentar, Art. 29, Erl. I, Rdn. 78; *Maunz-Dürig-Herzog*, Grundgesetz, Art. 29, Rdn. 75.

[218] s. o. Anm. 127. Nach § 8 Abs. 2 des früheren Ges. über das Verfahren bei Änderung des Gebietsbestandes der Länder nach Art. 29 Abs. 7 GG (BGBl. 1965 I, S. 65) sollte das Gebiet auf Hamburg übergehen, „sobald die Grenzen im einzelnen . . . festgelegt sind". Diese Festlegung erfolgte durch das Durchführungsabkommen von 1967 (Anm. 133).

[219] s. o. Anm. 147, S. 4.

den Verlauf einer Grenzlinie. Diese Auslegung des Art. 29 Abs. 7 wird durch das frühere und das geltende Ausführungsgesetz bestätigt[220]. Art. 29 Abs. 7 GG ist also bei streitigen und ungeklärten Grenzlinien nicht anwendbar. Eine entsprechende Anwendung dieser Verfassungsvorschrift oder des Ausführungsgesetzes kommt in diesem Zusammenhang schon deswegen nicht in Betracht, weil sie keine materiellen Abgrenzungsregeln enthalten.

Der sog. *Grundsatz der Bundestreue* bestimmt zwar das interföderative Abgrenzungsverfahren ganz wesentlich. Eine materielle Abgrenzungsregel, die eine einzige Abgrenzungsmethode für sämtliche Fälle im Zwischenländerbereich vorsähe, läßt sich aber im Wege der Deduktion dennoch nicht aus ihm gewinnen. Dies liegt nicht etwa an der Vielfalt der vielerorts durch lokale Entwicklungen der Gebietshoheit bestimmten Abgrenzungsfälle, sondern daran, daß sich die Abgrenzungsregeln (anders etwa als der verfassungsrechtliche Grundsatz der *clausula rebus sic stantibus*)[221] in ihrem Kern nicht auf das Bona-fides-Prinzip zurückführen lassen.

b) Da die relativ gut entwickelten Abgrenzungsregeln des internationalen Flußrechts und des Seevölkerrechts generell dem universalen Völkergewohnheitsrecht zuzurechnen sind, können sie als „allgemeine Regeln des Völkerrechts" im Sinne des Art. 25 GG als *„inkorporiertes völkerrechtliches Bundesrecht"*[222] mit Rang vor den gewöhnlichen Gesetzen auch im innerstaatlichen Bereich gelten. Ob das inkorporierte Völkerrecht seine Wirkung auch im Zwischenländerbereich entfalten kann, ist allerdings umstritten. Das BVerfG scheint dies unter Bezugnahme auf die einschlägige, auf Art. 4 WRV gestützte Rechtsprechung des Staatsgerichtshofs — entgegen einer in der Staatsrechtslehre weit verbreiteten Ansicht[223] — mit einer vieldeutigen Bemerkung im Grundvertragsurteil

---

220 Auch wenn die kleine Grenzbereinigung nach § 1 Abs. 2 Buchst. e) des früheren Ausführungsgesetzes i.d.F. vom 9. August 1971 (BGBl. 1971 I, S. 1241) erfolgte, um „die Rechtsverhältnisse . . . eines Gewässers zu ordnen", ging der Gesetzgeber von bestehenden Landesgrenzen und geklärter Landeszugehörigkeit des betreffenden Gebietes aus. Das geltende Ausführungsgesetz vom 30. Juli 1979 unterscheidet in § 1 zwischen der Änderung von Landesgrenzen und dem Gebietstausch und setzt auch dabei voraus, daß die Gebietsverhältnisse als solche geklärt sind.

221 Vgl. das Coburg-Urteil, BVerfGE 34, S. 230 f.

222 BVerfGE 23, S. 316.

223 Vgl. W. *Schaumann*, Diskussionsbeitrag, VVDStRL Heft 19 (1961), S. 153, zu der von *Fr. Münch*, daselbst S. 149, aufgeworfenen Frage; eingehend *Ingeborg Wolff*, Die Rechtsbeziehungen zwischen den Ländern der Bundesrepublik Deutschland, Diss. Marburg 1968, S. 112—116; ähnlich *Gunter Kisker*, Kooperation im Bundesstaat, Tübingen 1971, S. 66, unter Hinweis auf die Funktion des Art. 25 GG; *Rill* (Anm. 214), S. 153, begründet mit dem Adressatenkreis des Art. 25 GG, der die Länder nicht einschließe; zur Gegenmeinung vgl. die bei *Kisker*, a.a.O., Fn. 281, zit. Autoren.

andeuten zu wollen: „Selbst im Bundesstaat bemessen sich, falls eine Regelung der Bundesverfassung fehlt, die Beziehungen zwischen den Gliedstaaten nach den Regeln des Völkerrechts (. . .)"[224]. Wie immer man zu dem erwähnten grundsätzlichen Rechtsproblem stehen mag, im vorliegenden Fall scheidet eine unmittelbare Anwendung inkorporierter völkerrechtlicher Abgrenzungsregeln jedenfalls aus grundsätzlichen Überlegungen zur Struktur unserer Verfassungsordnung und zur Natur der völkerrechtlichen Abgrenzungsregeln aus. Denn nach Art. 25 GG jedenfalls den Bundesgesetzen vorgehend[225], würden sie im Falle ihrer Anwendbarkeit im Zwischenländerbereich Bundesgesetzgeber und Länder binden und eine abweichende innerstaatliche Regelung ausschließen. Dies würde beispielsweise zu dem überraschenden Ergebnis führen, daß die im Bundesberggesetz vom 13. August 1980[226] enthaltene bundesgesetzliche Abgrenzungsregelung für die Länderzuständigkeiten auf dem deutschen Festlandsockel gegen höherrangiges Recht verstieße, da sie — wie noch zu zeigen ist — nicht mit den geltenden völkergewohnheitsrechtlichen Abgrenzungsregeln übereinstimmt. Oder man müßte annehmen, daß die Länder die Grenzregelung in der Außenelbe in einem Staatsvertrag nur gemäß den völkerrechtlichen Abgrenzungsregeln treffen könnten, obwohl das Grundgesetz mit der Anerkennung der Hoheitsgewalt der Länder gerade auch ihre Dispositionsfreiheit in Grenzfragen bestätigt hat, wie beispielsweise die erwähnte Regelung der „kleinen Grenzbereinigung" des Art. 29 Abs. 7 GG erweist. Anders gewendet: Wenn die Länder durch Staatsvertrag kleinere Gebiete zedieren können, müssen sie erst recht einen streitigen Gebietsstreifen entsprechend den gegebenen Umständen abgrenzen können, ohne rechtlich an eine bestimmte Abgrenzungsmethode gebunden zu sein. Ferner kommen Gründe hinzu, die in der Rechtsnatur und dem Sinn und Zweck der völkerrechtlichen Abgrenzungsregeln selbst liegen. Sie sind nur präsumptiv[227], d. h.

---

[224] 31. Juli 1973 (2. Senat), BVerfGE 36, S. 1 (24). Für diese Annahme sprechen die Voraussetzungen (Fehlen einer Regelung der Bundes*verfassung*) und der begründende Hinweis des Senats auf die auf Art. 4 WRV gestützten Entscheidungen des StGH im Donauversinkungsfall vom 18. Juni 1927 (*Lammers-Simons*, I, S. 178 ff. = RGZ 116, Anh. S. 18 ff.) und im Streit über die Verunreinigung des Weserwassers vom 9. Juni 1928 (*Lammers-Simons*, I, S. 207 = RGZ 121, Anh. S. 1). Diese Auslegung der Bemerkung ließe sich auch mit dem Coburg-Urteil (Anm. 214) vereinbaren, wenn auch mit *Wilhelm Karl Geck* eine Klärung dieser Bemerkung zumindest wünschenswert wäre, vgl. Das Bundesverfassungsgericht und die allgemeinen Regeln des Völkerrechts, in: Festgabe aus Anlaß des 25jährigen Bestehens des Bundesverfassungsgerichts, Bd. II (1976), S. 125 ff., 140.

[225] Davon gehen alle Auffassungen in dem bekannten Streit um den Rang des inkorporierten Völkerrechts aus, vgl. statt vieler *Stern* (Anm. 213), S. 364.

[226] BGBl. 1980 I, S. 1310, § 137.

[227] Vgl. zu den flußrechtlichen Abgrenzungsregeln *Alfred Verdross / Bruno Simma*, Universelles Völkerrecht, Berlin 1976, S. 522 m.w.N., zu den seerechtlichen vgl. unten S. 101 ff.

es besteht eine Vermutung für ihr Eingreifen nur dann, wenn sich eine andere Grenzregelung nicht nachweisen läßt. Als völkergewohnheitsrechtliche Normen sind sie im zwischenstaalichen Bereich dispositiv, die betroffenen Staaten können also jederzeit im Vereinbarungswege von ihnen abweichen. Aufgrund der Rangzuordnung innerhalb der staatlichen Normenhierarchie würden sie im innerstaatlichen Bereich paradoxerweise also ihre Funktion als lückenfüllende Regelung und ihren dispositiven Charakter verlieren. Demnach kann man also annehmen, daß die völkerrechtlichen Abgrenzungsregeln als nach Art. 25 GG inkorporiertes Völkerrecht in unserem Fall keine Anwendung finden.

c) Nach der Normenhierarchie des innerstaatlichen Rechts wären als nächstes *bundesgesetzliche* Abgrenzungsregeln auf ihre Anwendbarkeit in der Außenelbe zu prüfen. Privatrechtliche Normen sind sachlich nicht anwendbar. Denn da das gesamte Gebiet im Eigentum des Bundes steht (§ 1 Wasserstraßengesetz), handelt es sich hier nicht um die Aufteilung oder Begrenzung von Grundeigentum, sondern um die räumliche Abgrenzung gliedstaatlicher Gebietshoheit, einem konstitutiven Element der beschränkten Eigenstaatlichkeit der Länder in unserer Verfassungsordnung. Das im Bundesberggesetz für die Einteilung der Länderzuständigkeiten auf dem deutschen Festlandsockel vorgesehene Äquidistanzprinzip ist räumlich in der zu den Eigengewässern gehörenden Außenelbe nicht anzuwenden[228] und wäre auch sachlich für eine Abgrenzung im Fluß nicht geeignet. Ein ungeschriebener Verwaltungsgrundsatz der Realteilung von Grenzgewässern, wie er z. B. im Interkommunalrecht Anwendung findet, läßt sich als bundesrechtliche Norm nicht nachweisen.

d) Mangels einschlägiger Abgrenzungregeln des höherrangigen Verfassungs- bzw. Bundesrechts muß für die Frage nach dem rechtlich gebotenen Grenzverlauf in der Außenelbe also auf das *Zwischenländerrecht* (Interföderationsrecht)[229] selbst zurückgegriffen werden. Dies ist eine allerdings nur teilweise entwickelte Teilrechtsordnung, deren originärer, zum größten Teil aus Zwischenländerverträgen bestehender Normenbestand sich einerseits vom höherrangigen Bundesrecht und andererseits von den einzelnen Länderrechten unterscheidet. Da im vorliegenden Fall eine grenzvertragliche Regelung fehlt, muß die gesuchte Abgrenzungsregel dem in seinem Bestand besonders umstrittenen ungeschriebenen Zwischenländerrecht entnommen werden.

---

[228] § 137 i. V. m. § 2 Abs. 3 BBergG, wobei der „Bereich des Festlandsockels" dem völkerrechtlichen Festlandsockelbegriff entspricht, vgl. § 1 FestlandsockelG vom 24. Juli 1964 (BGBl. 1964 I, S. 497) i. V. m. der Deutschen Festlandsockelproklamation vom 20. Januar 1964 (BGBl. 1964 II, S. 104).

[229] Zum Begriff vgl. *Walter Rudolf*, Zum System der staatlichen Rechtsordnung in der Bundesrepublik Deutschland, DÖV 1966, S. 73, 76; *ders.*, Völkerrecht und deutsches Recht, Tübingen 1967, S. 116; *I. Wolff* (Anm. 223), S. 1 ff.; *Kisker* (Anm. 223), S. 49 ff.

Zunächst ist wieder an den bereits erwähnten Verwaltungsgrundsatz der Realteilung von Grenzgewässern zu denken. Er findet in den einzelnen Bundesländern auf landesrechtlicher Grundlage bei der räumlichen Abgrenzung der kommunalen Zuständigkeiten in Grenzgewässern Anwendung. Seine Anwendbarkeit im Zwischenländerverhältnis ist aber zum einen aus inhaltlichen Gründen abzulehnen. Als ein formeller Grundsatz bietet er in seiner Einfachheit eine für die Einteilung von Verwaltungszuständigkeiten besonders geeignete Grundlage. Selbst wenn man das Grenzgewässer als solches primär in seiner Bedeutung als Ressource für die anliegenden Kommunen betrachtet, erscheint eine gleichmäßige Aufteilung desselben angesichts der formellen Gleichheit der Kommunen rechtlich geboten. Dieser Gleichheitsgesichtspunkt trifft zwar auch auf das Verhältnis der Länder untereinander zu. Im Zwischenländerverhältnis geht es bei der Abgrenzung aber in erster Linie um Fragen der Gebietshoheit, die sich in den interkommunalen Beziehungen nicht stellen. In der Gebietshoheit der Länder wurzeln u. a. ihre Rechte an den bergfreien Bodenschätzen des Gebietes[230]. Sie haben also ein materielles Interesse an einer Grenzziehung, welche der historischen Entwicklung der Gebietsverhältnisse und den geographischen Besonderheiten des Grenzgewässers Rechnung trägt. Dies ist bei einer Anwendung des verhältnismäßig starren Realteilungsgrundsatzes kaum möglich.

Schwerer wiegen zum anderen die rechtlichen Zweifel an der Geltung des Realteilungsgrundsatzes im Zwischenländerverhältnis. Bezeichnenderweise stützen die beteiligten Länder ihre Vorstellungen vom Verlauf der Grenzlinie in der Außenelbe nicht auf diesen Grundsatz, und selbst das von Niedersachsen in der Niederelbe zwischen der Ostemündung und Cuxhaven-Döse beanspruchte Mittellinienprinzip ist nicht eindeutig auf ihn zurückzuführen, da es auch mit einer entsprechenden Anwendung des internationalen Flußrechts begründet werden kann. Für eine gewohnheitsrechtliche Geltung des erwähnten Grundsatzes fehlt offenbar sowohl eine ausreichende Praxis als auch die erforderliche opinio iuris. Dies schließt allerdings nicht aus, daß die durch ihn gebotene Abgrenzungsmethode mit anderer rechtlicher Begründung auch im Zwischenländerverhältnis Anwendung finden kann.

e) Da das *Völkerrecht per se* (als „staatsfreies" Völkerrecht)[231] zwischen den norddeutschen Staaten jedenfalls bis zur Gründung des Norddeutschen Bundes von 1867 unmittelbar gegolten hat, bietet es sich an, im Zwischenländerbereich auf völkerrechtliche Regeln zurückzugreifen,

---

[230] Siehe §§ 3, 30, 31 BBergG; siehe auch § 1 Abs. 3 WaStrG zu den grundeigenen Bodenschätzen und den Verwaltungszuständigkeiten. Gegen eine Anwendung des Interkommunalrechts auch *Kisker* (Anm. 223), S. 70.

[231] Vgl. *Kisker* (Anm. 223), S. 51 f. m. w. N.

wenn einschlägige Normen des innerstaatlichen Rechts nicht vorhanden sind. In der Tat haben insbesondere flußrechtliche und gebietsrechtliche Fragen der Rechtsprechung und der Staatsrechtslehre auch im Deutschen Reich wiederholt Anlaß geboten, zum Problem der subsidiären Geltung des Völkerrechts im Zwischenländerbereich Stellung zu nehmen[232]. Es erübrigt sich allerdings, die Diskussion dieses Problems in ihrer verfassungsgeschichtlichen Entwicklung und ihrer dogmatischen Dimension hier insgesamt noch einmal aufzurollen, weil nur Teile daraus für unsere Frage nach den einschlägigen Abgrenzungsregeln relevant sind. Außerdem unterscheiden sich die einzelnen Auffassungen in ihrer praktischen Anwendung nur unwesentlich.

Stattdessen soll im folgenden nur ein zusammenfassender Überblick über die wichtigsten Begründungsversuche für eine subsidiäre Geltung des Völkerrechts im Zwischenländerbereich gegeben werden, soweit sie für das anstehende Grenzproblem relevant sein können. Sämtliche Begründungsversuche gehen von der Prämisse aus, daß die Geltung völkerrechtlicher Regeln im Zwischenländerverhältnis jeweils eines besonderen *Geltungsgrundes* bedarf, da das Völkerrecht ja, wie oben dargelegt, nicht unmittelbar zwischen den in einem ausschließlich staatsrechtlichen Verhältnis zueinander stehenden Bundesländern gilt. Da die Stellung der Gliedstaaten im Bund (nach dem Coburg-Urteil des BVerfG) als Begründung für eine subsidiäre Geltung des Völkerrechts ausscheidet, ist also ein anderer Geltungsgrund zu suchen. Dabei wird keineswegs angenommen, daß es nur einen einzigen, sämtliche Anwendungsfälle betreffenden Geltungsgrund gibt. Es ist nicht einmal auszuschließen, daß die subsidiäre Geltung des Völkerrechts im Zwischenländerbereich unter Umständen gleichzeitig auf verschiedenen rechtlichen Gründen beruhen kann. Nur wenn sich eine gewohnheits- oder richterrechtliche Rezeptionsnorm nicht nachweisen läßt, kann im Zwischenländerrecht unter Umständen im Wege der *Analogie* auf das Völkerrecht zurückgegriffen werden.

Das ursprünglich zwischen den Gliedstaaten des Staatenbundes (des Deutschen Bundes von 1815) unmittelbar geltende Völkerrecht wurde bei der Gründung des Bundesstaates zwar „staatsrechtlich überformt"[233], d. h. durch Einordnung in die Rechtsordnung des Norddeutschen Bundes, bzw. ab 1871 des Deutschen Reiches, dem vorrangigen Reichsrecht unterworfen. Es wurde von diesem aber nicht vollständig verdrängt. Von dem

[232] Vgl. Lübecker-Bucht-Fall (Anm. 147), Donauversinkungsfall (Anm. 224), Streit um das Weserwasser (Anm. 224); kritisch dazu *Gustav Adolf Walz*, Völkerrecht und staatliches Recht, Stuttgart 1933, S. 319 f.; *Hans Schneider*, Staatsverträge und Verwaltungsabkommen zwischen den deutschen Bundesländern, DÖV 1957, S. 648 f.; *Wilfried Schaumann*, Verträge zwischen Gliedstaaten im Bundesstaat (Mitbericht), VVDStRL 19 (1961), S. 86, 122; *Wolff* (Anm. 223), S. 55 ff.

[233] Zum Begriff vgl. *Kisker* (Anm. 223), S. 54.

sich dynamisch weiterentwickelnden Völkerrecht abgeschnitten, wurde es als Teil des *„gemeindeutschen Staatsrechts"*[234] weitgehend konserviert und nur geringfügig und langsam durch die innerstaatliche Praxis verändert. Es handelt sich dabei also um ursprünglich völkerrechtliche Normen, die im Bundesstaat gewohnheitsrechtlich weitergalten. Die rechtliche Weitergeltung der einzelnen Normen beruhte also zunächst einmal allein auf einer längeren tatsächlichen Übung, die als eine ständige, gleichmäßige und allgemeine von den beteiligten Organen als rechtlich geboten anerkannt wurde[235]. Erst das Grundgesetz hat mit Art. 123 Abs. 1 eine verfassungsrechtliche Regelung für die Weitergeltung des vorkonstitutionellen Gewohnheitsrechts geschaffen[236]. Diese setzt in jedem Fall die Geltung des Gewohnheitsrechts beim Inkrafttreten des Grundgesetzes voraus.

Einen Hinweis auf eine derartige gewohnheitsrechtliche Weitergeltung „gemeindeutscher" Abgrenzungsregeln könnte man möglicherweise in der Lübecker-Bucht-Entscheidung des StGH von 1928 sehen. Da im Zwischenländerrecht keine allgemein geltenden Regeln für die Abgrenzung der Gebietshoheit in Buchten vorhanden waren, versuchte der Gerichtshof diese zunächst dem Völkerrecht zu entnehmen. Erst nachdem er auch im damaligen Völkerrecht die gesuchten Regeln nicht gefunden hatte[237], griff er auf das Institut der unvordenklichen Ersitzung zurück. Als Begründung wies er auf die schon erwähnte entsprechende Auffassung des Deutschen Reiches gegenüber den Niederlanden (also einen völkerrechtlichen Tatbestand) hin[238]. Demnach ist die Annahme nicht ohne weiteres von der Hand zu weisen, daß der Gerichtshof den Fall aufgrund einer gewohnheitsrechtlichen Anwendung des entsprechenden völkerrechtlichen Instituts entschieden hat[239]. Nach dieser Rechtsprechung käme in unserem Fall aber allenfalls eine gewohnheitsrechtliche Weitergeltung flußrechtlicher Abgrenzungsregeln als Gemeindeutsches Staatsrecht in Betracht, denn seerechtliche Abgrenzungsregeln existierten zur Zeit der Reichsgründung noch gar nicht.

---

[234] Zum Begriff vgl. *U. Scheuner,* Diskussionsbeitrag, VVDStRL 19 (1961), S. 147; *Christian Tomuschat,* Verfassungsgewohnheitsrecht?, Heidelberg 1972, S. 49, Fn. 24; *Kisker* (Anm. 223), S. 70, Fn. 290; *Peter Häberle,* Kommentierte Verfassungsrechtsprechung, Königstein 1979, S. 213 f.

[235] Zum staatsrechtlichen Gewohnheitsrechtsbegriff vgl. BVerfGE 22, S. 114 (121), dazu *Tomuschat* (Anm. 234), S. 11, 44—57.

[236] Vgl. BVerfGE 15, S. 226 (233); E 34, S. 293 (303); E 41, S. 251 (263); *Tomuschat* (Anm. 234), S. 81 ff. Art. 178 Abs. 2 WRV regelte nur die Weitergeltung der „Gesetze und Verordnungen des Reiches".

[237] RGZ 122, Anh. S. 6 ff., 11.

[238] Betreffend das Wattenmeer an der Unterems, RGZ 122, Anh. S. 7.

[239] Ähnlich *Walz* (Anm. 232), S. 320, Fn. 145; *Wolff* (Anm. 223), S. 57; a. A. *Schaumann* (Anm. 232), S. 122; *E. Menzel,* Diskussionsbeitrag, VVDStRL 19 (1961), S. 150; so wohl auch *Schneider* (Anm. 232), der diese Entscheidung erst gar nicht erwähnt.

Der Versuch, Abgrenzungsregeln im Zwischenländerbereich aus gewohnheitsrechtlich als Gemeindeutsches Staatsrecht weitergeltenden, vorkonstitutionellen Völkerrechtsregeln gewinnen zu wollen, scheitert aber wohl an der fehlenden Praxis. Eine entsprechende gewohnheitsrechtsbegründende Übung der Organe des Reiches und der Länder läßt sich kaum nachweisen. Im Gegenteil, die übrige Rechtsprechung des StGH zur Geltung des Völkerrechts im Zwischenländerbereich widerspricht sogar der Annahme einer derartigen gewohnheitsrechtlichen Weitergeltung. Denn bei dieser Rechtsprechung handelt es sich (abgesehen von einer Ausnahme, auf die noch zurückzukommen ist) um Fälle, in welchen der StGH gerade *nicht* von einer gewohnheitsrechtlichen Weitergeltung staatsrechtlich überformten Völkerrechts ausging, sondern durch eine weite Auslegung des Art. 4 WRV den Weg zu einem richterrechtlichen Rückgriff auf inkorporiertes Völkerrecht geöffnet hat[240]. Es handelt sich dabei also sowohl um einen anderen Geltungsgrund (richterrechtliche Verfassungsentwicklung statt gewohnheitsrechtlicher Weitergeltungsanordnung), als auch um eine andere „Rechtsmasse"[241] (dem geltenden Völkerrecht entstammendes und weiterhin in ihm verwurzeltes Bundesrecht[242] statt Gemeindeutschem Staatsrecht, das nur rechtsgeschichtlich auf Völkerrecht zurückzuführen ist). Auch das BVerfG verweist im Grundlagenvertragsurteil zur Begründung seiner oben zitierten Bemerkung über die subsidiäre Geltung des Völkerrechts im Zwischenländerbereich[243] auf diese Rechtsprechung des StGH und geht damit ebenfalls nicht von einer gewohnheitsrechtlichen Weitergeltung vorkonstitutionellen Völkerrechts aus. Schließlich hat der StGH in einer früheren Entscheidung von 1925 noch einen anderen Lösungsweg gewählt, indem er in dem Rechtsstreit Bremen gegen Preußen aus der Geltung einer Pflicht der Vertragsparteien zu gegenseitiger Rücksichtnahme im Völkerrecht auf die Geltung einer entsprechenden Pflicht im

---

[240] Vgl. zum Unterschied zwischen beiden Rechtsquellen statt vieler *Tomuschat* (Anm. 234), S. 51—56.

[241] Die Bezeichnung „besondere Rechtsmasse" stammt von *Herbert Kraus,* Der deutsche Richter und das Völkerrecht, in: Festschrift für Laun zum 70. Geburstag, Hamburg 1953, S. 223, 229; siehe *Hermann Mosler,* Das Völkerrecht in der Praxis der deutschen Gerichte, Karlsruhe 1957, S. 18.

[242] So nach der gemäßigten Transformationslehre, die den „Systemzusammenhang mit dem Völkerrecht" anerkennt, vgl. *Rudolf,* Völkerrecht (Anm. 229), S. 171, während die inkorporierte Norm nach der Vollzugslehre sowieso „den Charakter einer Völkerrechtsnorm" behält, vgl. *Karl Josef Partsch,* Die Anwendung des Völkerrechts im innerstaatlichen Recht, Berichte DGV, Heft 6 (1964), S. 20, dort auch These 4 der 1. Kommission der DGV, S. 156 f. Vgl. im übrigen statt vieler *Mosler* (Anm. 241), S. 40; *Ondolf Rojahn,* Art. 25, Rdn. 2, in: *Ingo von Münch,* Grundgesetz-Kommentar, Bd. 2; *Siegfried Magiera,* in: *Menzel / K. Ipsen,* Völkerrecht, 1976, S. 55, mit Hinweisen auf die Staatenpraxis; BVerfGE 18, S. 441 (448); E 27, S. 253 (274); E 46, S. 342 (363).

[243] s. o. Anm. 224.

Zwischenländerverhältnis geschlossen hat[244]. Diesen Schluß *a maiore ad minus*[245] eingerechnet, hat der StGH in einem Zeitraum von wenigen Jahren[246] die subsidiäre Geltung ursprünglich völkerrechtlicher Normen in den Zwischenländerbeziehungen also auf drei verschiedenen Wegen begründet: analoger Rückgriff auf geltendes Völkerrecht, richterrechtliche Anwendung inkorporierten Völkerrechts und schließlich einen einzigen und zudem nicht eindeutigen Fall einer gewohnheitsrechtlichen Geltung vorkonstitutionellen Völkerrechts. Die fehlende Einheitlichkeit dieser Rechtsprechung spricht jedenfalls gegen die Annahme einer gewohnheitsrechtlichen Weitergeltung völkerrechtlicher Normen.

Schließlich besteht nach einer in der Lehre vertretenen Auffassung die Möglichkeit, daß die völkerrechtlichen Abgrenzungsregeln aufgrund *gewohnheitsrechtlicher Rezeption*[247] im Zwischenländerbereich anzuwenden sind, wenn das innerstaatliche Recht keine einschlägigen Regeln enthält. Die Lehre nimmt, anders als beim Gemeindeutschen Staatsrecht, keinen verfassungsgeschichtlichen, sondern einen rechtssystematischen Ausgangspunkt, indem sie von der Existenz einer Gewohnheitsrechtsnorm ausgeht, welche die rechtsanwendenden Staatsorgane zur Vermeidung von Lücken des Zwischenländerrechts auf das geltende Völkerrecht verweist. Als eine Variante dieser Rezeptionslehre ist *Wenglers*[248] Auffassung zu sehen, daß in den meisten Bundesstaaten für den Bereich des öffentlichen Nachbarrechts „eine gewohnheitsrechtliche Verweisung des staatlichen Rechts auf das Völkergewohnheitsrecht zwecks Bildung analoger Rechtsvorschriften" vorliegt. Anders als die verfassungsrechtliche Inkorporation des Völkerrechts nach Art. 25, 59 GG dient die Rezeption nicht der innerstaatlichen Beachtung und Durchsetzung des Völkerrechts, sondern — ähnlich einer Analogie — der sachgemäßen Ausfüllung von Regelungsdefiziten im vorhandenen Zwischenländerrecht. Sie schafft

---

[244] Entscheidung vom 29. Juni 1925, RGZ 112, Anh. S. 21 (28): Sofern eine Regelung in der Reichsverfassung fehlte, „wird der Schluß nicht von der Hand zu weisen sein, daß diejenige Rücksichtnahme auf die Interessen des Gegenkontrahenten eines Staatsvertrages, die im Völkerrecht jedem Staat zugemutet wird, auch im Verbande des Deutschen Reiches nicht als unbillig und einer rechtlichen Grundlage entbehrend angesehen wird".

[245] Als ein Sonderfall des Analogieschlusses geht der Erst-recht-Schluß auch von der strukturellen Ähnlichkeit der bezogenen Regelungsbereiche aus. Es besteht Einigkeit, daß das Völkerrecht hier nur hilfsweise herangezogen wurde, vgl. *Wolff* (Anm. 223), S. 55, sowie *Kisker* (Anm. 223), S. 68, Fn. 288 m. w. N.

[246] Die Entscheidungen im Streit über die Verunreinigung des Weserwassers und der Lübecker-Bucht-Fall liegen nur einen Monat auseinander.

[247] Nach *Kisker* (Anm. 223), S. 67, ist sie als „subsidiäre Quelle des Zwischenländerrechts" zu deuten, während andere Autoren die Möglichkeit der Rezeption nur erwägen, ibid. Fn. 286.

[248] *Wilhelm Wengler*, Völkerrecht, Bd. 1, Berlin, Göttingen, Heidelberg 1964, S. 84. Konzeptionell entspricht diese gewohnheitsrechtliche der gesetzlichen Verweisung des § 173 VwGO auf ZPO und GVG.

kein vorrangiges, systematisch im Völkerrecht verwurzeltes Bundesrecht, sondern reines Zwischenländerrecht, das nach den üblichen, innerstaatlichen Interpretationsgrundsätzen auszulegen ist.

So groß der Unterschied einerseits zur Inkorporation ist, so deutlich ist andererseits die Ähnlichkeit zwischen der Rezeption und der Analogie. Beide gehen von der strukturellen Ähnlichkeit der Völkerrechtsordnung und der Zwischenländer-Rechtsordnung als dezentralisierte Rechtsordnungen aus, und beide führen nur zu einer *entsprechenden* Anwendung des Völkerrechts im Zwischenländerbereich. Auch die Rezeptionslehre nimmt nicht an, daß das Völkerrecht als solches Teil des Zwischenländerrechts ist. Vielmehr muß — wie bei der Obersatzbildung im Wege der Analogie — die anzuwendende Rechtsnorm im Einzelfall erst in einem auswählenden und anpassenden, d. h. wertenden Rückgriff auf das Völkerrecht geschaffen werden[249], weil das Völkerrecht als solches den Zwischenländerproblemen nicht angemessen ist. Trotz dieser Gemeinsamkeiten bleibt nach herkömmlicher Auffassung aber doch noch ein qualitativer Unterschied gegenüber dem unten näher erläuterten Analogiebegriff, insofern als die Rezeption als Fall der Rechtsanwendung der Analogie als Methode der ergänzenden Rechtsfindung vorgeht.

Letztlich muß aber auch die These von der gewohnheitsrechlichen Rezeption des Völkerrechts daran scheitern, daß ein Nachweis der Rezeptionsnorm nicht gelingt. Die insgesamt nicht sehr umfangreiche Rechtsprechung betrifft in den wichtigsten Entscheidungen, wie oben gezeigt, inkorporiertes Völkerrecht und scheidet damit für den Nachweis einer gewohnheitsrechtsbegründenden Übung aus[250]. Zudem deutet die Staatsrechtslehre keineswegs auf eine einheitliche Rechtsauffassung hin, wonach der Rückgriff auf das Völkerrecht rechtsverbindlich gefordert sei, denn in ihr wird seit der Reichsgründung mit unterschiedlichen (verfassungsgeschichtlichen, rechtssystematischen oder auf den föderativen Staatsaufbau gestützten) Argumenten bis heute ein breites Meinungsspektrum vertreten, das von der Nichtanwendbarkeit des Völkerrechts

[249] Darauf weist zu Recht *I. Wolff* hin (Anm. 223), S. 126 f. Das gleiche gilt für den umgekehrten Fall der Übernahme innerstaatlicher Normen ins Völkerrecht, vgl. *Hersch Lauterpacht,* Private Law Sources of International Law, Nachdruck 1970, S. 303; *Paul Guggenheim,* Landesrechtliche Begriffe im Völkerrecht, vor allem im Bereich der internationalen Organisationen, in: Festschrift für *Hans Wehberg,* Frankfurt 1956, S. 133, 140 f. Die Ähnlichkeit von Rezeption und Analogie wird auch von *Kisker* gesehen, der die Analogie aufgrund eines engen Analogiebegriffs ablehnt und ihre Befürworter den Vertretern der Rezeptionsthese zurechnet, a. a. O. (Anm. 223), S. 65, Fn. 277, S. 69, Fn. 288.

[250] a. A. *Kisker* (Anm. 223), S. 67, Fn. 285, der die (entsprechende) Anwendbarkeit des Art. 4 WRV als einen für die Gewohnheitsrechtsbildung unbeachtlichen Begründungsfehler des StGH ansieht.

bis zu seiner unmittelbaren Anwendung reicht[251]. Sofern sich die Abgrenzungsprobleme in der Außenelbe aber trotzdem nach den Regeln des Völkerrechts „bemessen", ist dies also allenfalls im Wege der *Analogie* möglich.

3. Die entsprechende Anwendung des internationalen Flußrechts

a) Zum Begriff der Analogie

Analogie in dem hier verwendeten Sinne ist kein logischer Schluß „vom besonderen aufs besondere"[252], sondern ein normbildender Vorgang zur Schaffung eines sachgerechten Obersatzes. Dieser Normbildungsvorgang geht von dem Postulat aus, daß ähnliche Sachlagen auch ähnliche Regeln für ihre rechtliche Behandlung gebieten. Diese in der alltäglich-praktischen Bewältigung von Rechtsproblemen vielfach bewährte Annahme läßt sich logisch allerdings nicht begründen. Dementsprechend ist die Bildung einer Analogie keine logische Operation, sondern ein offener, argumentativer Prozeß, in welchem unter anderem die Ähnlichkeit der Sachlagen, die Zweckdienlichkeit der potentiellen Regel für den Einzelfall und ihr Verhältnis zur Rechtsordnung als Ganzer in mehreren Wertungen[253]

---

[251] Zu den einzelnen Lehren vgl. statt vieler *Wolff* (Anm. 223), S. 25—62; *Kisker* (Anm. 223), S. 51—70. Immerhin gibt es auch gewichtige Stimmen, die das Völkerrecht nur als „Hilfsmittel" zur inhaltlichen Bestimmung ungeschriebener Sätze des Zwischenländerrechts ansehen, vgl. *H. Schneider,* Verträge zwischen Gliedstaaten im Bundesstaat, VVDStRL 19, S. 1, 14; *J. H. Kaiser,* Diskussionsbeitrag, VVDStRL 19, S. 151. Andere wollen jeglichen Rückgriff auf das Völkerrecht ablehnen, vgl. *E. Menzel,* Diskussionsbeitrag, VVDStRL 19, S. 150, ähnlich *G. Dürig,* daselbst, S. 152; weitere bei *Wolff* (Anm. 223), S. 51 f. Der BayVGH hat in einem Urteil vom 20. Februar 1963 die Anwendung allgemeiner völkerrechtlicher Grundsätze auf Gemeindegrenzen im Bodensee für nicht angängig erachtet, vgl. den Abdruck der Entscheidung bei *Hans Huber,* Gebietshoheit und Grenzverlauf im Bodensee, Zeitschr. für Schweiz. Recht, n. F. Bd. 82 (1963), S. 365, 369 f.

[252] Vgl. *Karl Engisch,* Einführung in das juristische Denken, 5. Aufl., Stuttgart, Berlin, Köln, Mainz 1971, S. 142 f.; *Arthur Kaufmann,* Analogie und „Natur der Sache", in: Rechtsphilosophie im Wandel, Frankfurt a. M. 1974, S. 272, 298 ff. Das schließt aber nicht aus, daß man die Analogie in der Form eines logischen Schlusses *darstellen* kann, vgl. *Ulrich Klug,* Juristische Logik, 3. Aufl., Berlin, Heidelberg, New York 1966, S. 97 ff.; *Theodor Heller,* Logik und Axiologie der analogen Rechtsanwendung, Berlin 1961, passim; *Robert Alexy,* Theorie der juristischen Argumentation, Frankfurt a. M. 1978, S. 343.

[253] Vgl. *Karl Larenz,* Methodenlehre der Rechtswissenschaft, 3. Aufl., Berlin, Heidelberg, New York 1975, S. 367; *Klug* (Anm. 252), S. 123; *Heller* (Anm. 152), S. 110. Zutreffend wird die Analogie im neueren Schrifttum als *diskursive Rechtsfindungsmethode* verstanden, vgl. *Ilmar Tammelo,* Rechtslogik und materiale Gerechtigkeit, Frankfurt a. M. 1971, S. 45; *Josef Esser,* Grundsatz und Norm in der richterlichen Fortbildung des Privatrechts, 3. Aufl., Tübingen 1974, S. 231; *ders.,* Vorverständnis und Methodenwahl in der Rechtsfindung, 2. Aufl., Frankfurt 1972, S. 183; *Martin Kriele,* Theorie der Rechtsgewinnung, Berlin 1976, S. 151 („bloßer topos"), S. 206 f.; *Alexy* (Anm. 252), S. 344 f.; *Helmut Coing,* Grundzüge der Rechtsphilosophie, 3. Aufl., Berlin, New York 1976, S. 332 m. w. N.; noch weitergehender *A. Kaufmann* (Anm. 252), S. 302 ff., der jede Rechtsfindung als Analogie begreift.

zu beurteilen ist. Da der gefundene Obersatz nicht durch ein formelles Rechtssetzungsverfahren verbindlich gemacht wird, sondern allein durch Aspekte der Sachgerechtigkeit und Plausibilität legitimiert ist, ist die Analogie auch nicht auf eine entsprechende Anwendung von Normen aus der *gleichen* Rechtsordnung zu beschränken[254]. In einer so rudimentär entwickelten Rechtsordnung, wie sie das Zwischenländerrecht darstellt, ist ein analoger Rückgriff auf Regeln anderer Rechtsordnungen häufig schon deswegen unvermeidlich, weil das Zwischenländerrecht selbst gar keine entsprechenden Regeln enthält. Eine derartige Beschränkung liefe geradezu dem Sinn und Zweck des Instituts Rechtsanalogie zuwider. Auch die Annahme, daß bei einem innerstaatlichen Sachverhalt die Regeln des innerstaatlichen Rechts den Völkerrechtsregeln vorzuziehen seien, findet keinen Anhalt im Recht und widerspräche dem Bemühen um eine sachgerechte Lösung des Falles. Die größere systematische „Nähe" innerstaatlicher Teil-Rechtsordnungen zueinander, die wegen ihrer Zugehörigkeit zu ein und derselben Staatsgewalt angenommen werden könnte, bedeutet nicht unbedingt auch eine größere „Sachnähe" im Sinne einer Analogie, wie sich etwa an der sachlichen Ungeeignetheit zivilrechtlicher Abgrenzungsregeln[255] oder des formalen Realteilungsgrundsatzes des Interkommunalrechts[256] zeigt.

---

[254] Vgl. *Engisch* (Anm. 252), S. 146 m. w. N. Anders *Kisker* (Anm. 223), S. 68, Fn. 288, der annimmt, „daß Analogieschlüsse nur *innerhalb* einer Rechtsordnung möglich" seien. Ein solcher, dem Rechtspositivismus verhafteter Satz verkennt den Zweck dieser Analogie. Anders als bei der Interpretationslehre soll hier mit der Analogie nicht nur eine einzelne Regelungslücke geschlossen werden, sondern das insgesamt noch unterentwickelte Zwischenländerrecht ist möglichst sachgemäß weiterzuentwickeln. Dazu ist aber der Rückgriff auf die Völkerrechtsordnung besonders geeignet, weil diese eine ähnliche, dezentralisierte Struktur aufweist und außerdem das Recht der Gebietsabgrenzung dort besonders weit entwickelt ist. *Kiskers* Auffassung würde außerdem einen Rückgriff auf das *inkorporierte Völkerrecht* nicht ausschließen und damit weitgehend wirkungslos bleiben, weil sie sich nur in Fällen auswirkt, in denen die entsprechend anzuwendende Regel nicht inkorporiert ist. Da der innerstaatliche Rang des analog anzuwendenden inkorporierten Völkerrechtssatzes sowieso unberücksichtigt bliebe und die Regeln im übrigen *inhaltlich* gleich sind, macht es im Ergebnis auch keinen Unterschied, ob die Völkerrechtssätze als solche oder nur als inkorporiertes Völkerrecht (so *Rill*, Anm. 214, S. 157) analog angewendet werden. Auch *Menzel* und *Dürig* (s. o. Anm. 251) gehen offenbar nicht von einem derartigen Satz aus, sondern von der größeren Sachnähe des innerstaatlichen Rechts. Sie wollen einen Rückgriff auf das Völkerrecht „vermeidbar machen" bzw. „das Völkerrecht allenfalls als ultima ratio heranziehen".

[255] Ebenso *Rill* (Anm. 214), S. 158; *Wolff* (Anm. 223), S. 125; a. A. *Menzel* und *Dürig* (Anm. 251). Subsidiär will *Max Huber* auf das kantonale Privatrecht zurückgreifen, das ebenso wie das Völkerrecht aus dem römischen Privatrecht hervorgegangen ist, wenn der Normenbestand des Völkerrechts für eine interkantonale Rechtsfrage nicht ausreicht, vgl. Ein Beitrag zur Lehre von der Gebietshoheit an Grenzflüssen, Zeitschr. für Völkerrecht und Bundesstaatsrecht, Bd. 1 (1907), S. 29, 159 ff. Zur älteren Lehre auch *Albert Haenel*, Die vertragsmäßigen Elemente der Deutschen Reichsverfassung, Leipzig 1873, S. 251.

[256] s. o. Anm. 230.

In dieser Situation bietet sich eine entsprechende Anwendung völkerrechtlicher Abgrenzungsregeln an. Die strukturelle Ähnlichkeit der Abgrenzung in der Außenelbe mit entsprechenden Abgrenzungsproblemen auf internationaler Ebene liegt auf der Hand. Ferner ist auch die historische Tatsache zu berücksichtigen, daß die Elbe von Hamburg bis zur Mündung nach dem Ende des alten Deutschen Reiches bis 1867 einen Grenzfluß im völkerrechtlichen Sinne bildete, auf den in bestimmten Abschnitten nach vorherrschender Auffassung noch bis 1919 die Abgrenzungsregeln des internationalen Flußrechts unmittelbar anzuwenden waren. Da das innerstaatliche Recht keinen Ersatz für diese Regeln geschaffen hat, bietet sich jedenfalls ihre analoge Anwendung an. Schließlich ist auch die besondere Sachgerechtigkeit des internationalen Flußrechts für das anstehende Abgrenzungsproblem zu beachten. Es trägt der historischen Entwicklung der Gebietsverhältnisse im Bereich der Elbmündung und den geographischen Besonderheiten des Flusses im Wattenmeer besser Rechnung als etwa der starre, verwaltungsrechtliche Realteilungsgrundsatz. Einer analogen Anwendung des internationalen Flußrechts ist auch nicht entgegenzuhalten, daß die völkerrechtliche Geltung einzelner Abgrenzungsmethoden[257] umstritten ist. Denn im Gegensatz etwa zu gewissen Rechtsnormverweisungen, welche die Geltung des bezogenen Rechtssatzes zur Wirkungsvoraussetzung machen, handelt es sich bei der Analogie um einen Normbildungsvorgang, bei dem eine Norm auch dann entsprechend herangezogen werden kann, wenn ihre Geltung zweifelhaft ist.

b) Die Grenzziehung im einzelnen

Bei einer analogen Anwendung der Abgrenzungsregeln des internationalen Flußrechts auf die Außenelbe scheiden die Regeln über Streifen- bzw. Ufergrenzen von vornherein aus. Denn eine *Streifengrenze* hätte nur durch eine Vereinbarung der Uferstaaten oder durch die historische Entwicklung einer gemeinsamen Gebietshoheit entstehen können[258]. Streifengrenzen werden nur ausnahmsweise vereinbart, denn die unvermeidliche Verdoppelung der Zuständigkeiten behindert die Verwaltung des Flußgebietes. Außerdem erfüllt dieser Typ einer Grenze nicht die modernen Anforderungen an die Trennschärfe und Eindeutigkeit einer Staatsgrenze. Auch eine *Ufergrenze* hätte nur durch eine völkerrechtliche Vereinbarung[259] oder ausnahmsweise durch eine für beide

---

[257] Vgl. insbesondere zur Streitfrage, ob das Talwegprinzip für Grenzflüsse mangels anderer Grenzregelungen vom Völkerrecht verbindlich vorgeschrieben wird, zuletzt *Dietrich Rauschning,* Die Grenzlinie im Verlauf der Elbe, in: Festschrift für Eberhard Menzel, Berlin 1975, S. 429, 439 m. w. N.

[258] s. o. Anm. 91 u. 92.

[259] Vgl. die Liste der Grenzflüsse mit Ufergrenze bei *Kercea* (Anm. 70), S. 175; weitere bei *Lederle* (Anm. 73), S. 9 ff.; zu einem aktuellen Beispiel *Menzel / Aubin* (Anm. 148), S. 48 ff.

Uferstaaten verbindliche, rechtliche Anordnung[260] entstehen können, wenn sie sich nicht durch eine unvordenkliche Ersitzung des Stromes in seiner ganzen Breite seitens eines Uferstaates gebildet hätte. Da diese Voraussetzungen in der Außenelbe nicht erfüllt sind, kommt in diesem Abschnitt nur eine Mittellinien- oder eine Talweggrenze in Betracht, sofern die Länder nicht eine Grenzlinie zwischen bestimmten Brechpunkten vereinbaren.

Das *Mittellinienprinzip* (die Mittellinienmethode) beruht auf dem Gedanken der formellen Gleichheit der uferstaatlichen Rechte im Grenzfluß und teilt dementsprechend den gesamten Strom zwischen den Ufern der Länge nach in zwei gleiche Hälften. Seine Anwendbarkeit wurde im Völkerrecht ursprünglich für alle Grenzflüsse vermutet, für die keine andere Grenzregelung nachzuweisen war. Seit Beginn des vorigen Jahrhunderts gilt es unangefochten nur noch für *nicht-schiffbare* Grenzflüsse, während sich für *schiffbare* Grenzflüsse zunehmend das *Talwegprinzip*[261] (die Talwegmethode) durchgesetzt hat[262]. Das Talwegprinzip soll vermeiden, daß die Hauptschiffahrtsrinne, die gewöhnlich auch die Hauptmenge des Flußwassers führt, streckenweise vollständig auf dem Gebiet eines Uferstaates verläuft, wie dies beim Mittellinienprinzip gelegentlich vorkommt. Es beruht im Unterschied zum Mittellinienprinzip also auf einem, eine gleichberechtigte wirtschaftliche und hydrotechnische Nutzung bezweckenden, materiellen Gleichheitsbegriff. Allerdings tritt das Mittellinienprinzip immer dann wieder an die Stelle des Talwegprinzips, wenn dieses aus tatsächlichen Gründen nicht angewendet werden kann, wie beispielsweise in einem Stromschnellengebiet ohne Schiffahrtsrinne.

Für eine Auswahl zwischen den erwähnten Abgrenzungsmethoden in der Außenelbe sind unterschiedliche Gesichtspunkte ausschlaggebend. Erstens ist zu beachten, daß Mitte der Hauptschiffahrtsrinne und die Mitte des Stromes in diesem Abschnitt des Flusses nur geringfügig voneinander abweichen. Damit verliert der formelle Gesichtspunkt der Größe des jedem Land zustehenden Gebietes seine entscheidende Bedeutung und weicht hinter materiellen Aspekten der Grenzziehung zurück.

Zweitens haben Gesichtspunkte der Schiffahrt und einer möglichen hydrotechnischen Nutzung des Flusses, die auf internationaler Ebene zur Entwicklung des Talwegprinzips geführt haben, im Zwischenländerverhältnis allgemein und in der Außenelbe im besonderen keine derartige Bedeutung, daß sie eine Anwendung des Talwegprinzips für angebracht

[260] So insbesondere für die Elbegrenze oberhalb Lauenburgs *Rauschning* (Anm. 257), S. 435 ff.

[261] Zum Begriff s. o. S. 13.

[262] Vgl. die ältere Liste der Grenzflüsse mit Talweggrenze bei *Kercea* (Anm. 70), S. 177; zur neueren Praxis *Verzijl* (Anm. 49), S. 553 ff.

erscheinen ließen. Der Verlauf der Ländergrenze ist für die bundesrechtlich gewährleistete Schiffahrtsfreiheit auf dem Fluß ohne Belang. Eine zukünftige hydrotechnische Nutzung (etwa durch ein Gezeitenkraftwerk) würde unbeschadet des Grenzverlaufs für alle Beteiligten Bundesländer möglich sein. Die von Hamburg 1961 erworbene Exklave im Neuwerker und Scharhörner Watt reicht in jedem Fall bis in die Hauptschiffahrtsrinne, unabhängig davon, ob die Landesgrenze auf der Mittellinie oder der Talweglinie der Außenelbe verläuft. Die Möglichkeit der Hansestadt zur Errichtung eines Vorhafens an der Außenelbe wird also durch den Verlauf der Grenze nicht beeinträchtigt.

Damit gewinnen, drittens, technische und pragmatische Gesichtspunkte der Grenzziehung ein entscheidendes Gewicht für die Wahl der Abgrenzungsmethode. Schon anläßlich der preußischen Grenzziehung in der Niederelbe wurde angenommen, daß derartige Zweckmäßigkeitserwägungen bei der Festlegung einer Grenzlinie berücksichtigt werden können. Auch der Staatsgerichtshof berücksichtigte sie bei der Grenzziehung in der Lübecker Bucht[263]. Gegen eine Anwendung des Mittellinienprinzips in der Elbemündung spricht vor allem, daß die von den Niedrigwasserlinien der Sandbänke gebildeten „Ufer" als Ausgangsbasis für die Festlegung der Grenzlinie im Wattenmeer nicht zeitkonstant sind. Sie werden von der täglichen Flut überspült, und ihr Verlauf verändert sich unter dem Einfluß der Gezeitenströme und des Flusses im Laufe der Zeit. Andererseits ist die verhältnismäßig genau vermessene und kartierte Hauptschiffahrtsrinne geographisch und hydrologisch das relativ stabilste Element des Elbeflusses in seinem Mündungsbereich. Durch Seezeichen (Fahrwassertonnen) kenntlich gemacht, mit optischen und elektronischen Peilvorrichtungen jederzeit leicht zu erkennen und mit Hilfe von Wasserbaumaßnahmen künstlich erhalten, bildet sie sozusagen das feste Rückgrat des Flusses in dem veränderlichen Wattenmeer. Eine Grenzlinie auf der Mittelachse der von den Fahrwassertonnen seitlich begrenzten Hauptschiffahrtsrinne läßt sich geodätisch eindeutig festlegen und ist jederzeit einfach zu erkennen. So wie man das Talwegprinzip etwa in Stromschnellenabschnitten eines Grenzflusses aus praktischen Gründen durch das Mittellinienprinzip ersetzt, ist umgekehrt unter den besonderen geographischen und hydrologischen Bedingungen des Flusses im Wattenmeer das Talwegprinzip dem Mittellinienprinzip vorzuziehen.

Aus den genannten Gründen ist einer Abgrenzung in der Außenelbe also das Talwegprinzip zugrundezulegen. Die Grenzlinie beginnt im Endpunkt der Niederelbegrenze auf der Verbindungslinie zwischen der Kugelbake bei Cuxhaven-Döse und der Westkante des Dieksander Kooges. Sie folgt der Mittellinie der Hauptschiffahrtsrinne dort, wo

---

[263] RGZ 122, Anh. S. 1 (13).

diese zum Zeitpunkt der Grenzziehung verläuft. Ihr Endpunkt liegt auf der Basislinie vor der Elbemündung.

Die Basislinie (Ausgangslinie) bildet die äußere Begrenzung der marinen Eigengewässer, seewärts von ihr erstreckt sich das Küstenmeer. Wendet ein Staat die von der Niedrigwasserlinie entlang der Küste gebildete sog. „normale Basislinie"[264] an, wird die Basislinie bei einem unmittelbar ins Meer mündenden Fluß von einer Geraden gebildet, die quer über seine Mündung zwischen Punkten auf der Niedrigwasserlinie seiner Ufer verläuft[265]. Die Bundesrepublik[266] wendet aber das Verfahren der sog. „geraden Basislinien" an, bei welchem geeignete Punkte der Küste miteinander verbunden werden[267]. Vor der deutschen Nordseeküste sind dies Punkte auf der Niedrigwasserlinie der äußersten, vorgelagerten Inseln und der zur *terra firma* rechnenden, trockenfallenden Sände des Wattenmeeres. Als Folge davon weichen die Mündungslinie der Außenelbe und der vor der Elbemündung verlaufende nördliche (schleswig-holsteinische) Schenkel der geraden Basislinie voneinander ab. Zwischen beiden Linien liegt ein Gebiet, welches zwar noch zu den marinen Eigengewässern, aber nicht mehr zur Außenelbe gehört. Damit entsteht das Problem, ob auch in diesem Gebiet das Talwegprinzip anzuwenden ist, oder ob auf andere, möglicherweise seerechtliche Abgrenzungsprinzipien zurückgegriffen werden muß. Das analog anwendbare Völkerrecht enthält auch darauf eine Antwort, indem es das Talwegprinzip insbesondere bei Flußmündungen ausnahmsweise auch über das eigentliche Flußgebiet hinaus für anwendbar erklärt[268]. Auch im vorlie-

---

[264] Vgl. Art. 3 der Genfer Küstenmeerkonvention von 1958, deutsch GesBl. DDR 1974 II, S. 441; vgl. auch *Günter Hoog,* Die Genfer Seerechtskonferenzen von 1958 und 1960, Frankfurt a. M., Berlin 1961, S. 58 ff. Ebenso Art. 5 der Seerechtskonvention 1982 der 3. Seerechtskonferenz, siehe den am 30. April 1982 mehrheitlich angenommenen Konventionsentwurf: Draft Convention on the Law of the Sea, UN-Doc. A/CONF/62/L. 78.

[265] Vgl. Art. 13 Küstenmeerkonvention 1958; Art. 9 Seerechtskonvention 1982 (Anm. 264).

[266] Trotz ihrer großen rechtlichen und praktischen Bedeutung, u. a. für die Bemessung des Küstenmeeres und anderer Meereszonen, sind die geraden Basislinien in der Bundesrepublik nicht gesetzlich festgelegt; ihre Basispunkte wurden nur in bestimmten Seekarten angegeben, die in den amtlichen Nachrichten für Seefahrer bekannt gemacht worden sind, vgl. N. f. S. 70—1189; siehe die Note der Bundesrepublik an die Vereinten Nationen vom 9. Februar 1956 (UN-Doc. ST/LEG/SER. B 6, S. 17); vgl. *Max Ivers Kehden,* Die Inanspruchnahme von Meereszonen und Meeresbodenzonen durch Küstenstaaten, 2. Aufl., Hamburg 1971, S. 39.

[267] Vgl. Art. 4 Küstenmeerkonvention 1958; Art. 7 Seerechtskonvention 1982 (Anm. 264).

[268] So z. B. bei Deltamündungen und Meerengen, vgl. *Charles Cheney Hyde,* International Law, Chiefly as Interpreted and Applied by the United States, Vol. I, 2. Aufl., Boston 1947, S. 446; *Hersch Lauterpacht,* Oppenheim's International Law, 8. Aufl. London, New York, Toronto 1955, S. 510 f., 534; *Marjorie Whiteman,* Digest of International Law, Vol. 4, Washington 1965, S. 307 ff.

genden Fall ist das Talwegprinzip in Übereinstimmung mit der schleswig-holsteinischen Auffassung vom Grenzverlauf über die Mündungslinie der Außenelbe hinaus bis zur Basislinie anzuwenden. Denn die Schiffahrtsrinne der Elbe setzt sich auch außerhalb der Mündung noch ein Stück ins Meer hinein fort. Zudem ist die Entfernung vom Endpunkt der Talweggrenze auf der Mündungslinie bis zur Basislinie nur sehr gering, weil beide Linien auf der äußersten, seewärtigen Spitze des Scharhörner Watts[269] zusammentreffen und nur wenige Winkelgrade voneinander abweichen.

[269] Die Koordinaten des Punktes lauten: 53 Grad 58 Minuten 42 Sekunden nördlicher Breite; 8 Grad 22 Minuten 36 Sekunden östlicher Länge.

VI. Die Grenzziehung im Küstenmeer und auf dem deutschen Festlandsockel

1. Die Ländergrenze im Küstenmeer

Die rechtliche und geographische Ausgangslage für eine seitliche (laterale) Küstenmeerabgrenzung zwischen den deutschen Bundesländern läßt sich folgendermaßen zusammenfassen: Das sich an die marinen Eigengewässer anschließende Küstenmeer (Küsten- oder Territorialgewässer) gehört staats- und völkerrechtlich zum Hoheitsgebiet (Staatsgebiet) des Küstenstaates. Im Unterschied zu den Eigengewässern ist seine Gebietshoheit dort aber durch das Recht auf friedliche Durchfahrt eingeschränkt, das von Schiffen fremder Flagge ausgeübt wird. Da unsere Verfassungsordnung kein Bundesterritorium kennt, gehört das Küstenmeer vor der Elbemündung zum Gebiet der Länder Schleswig-Holstein bzw. Hamburg (Exklave Neuwerker und Scharhörner Watt)[270]. Das niedersächsische Küstenmeer schließt sich westlich an die Hamburger Exklave an. Von der Basislinie aus gemessen ist das Küstenmeer der Bundesrepublik drei Seemeilen breit[271]. Verschiedene Vorschläge, das deutsche Küstenmeer in der Nordsee auf die völkerrechtlich zulässige Breite von zwölf Seemeilen[272] auszudehnen, um in der (im Raum der Deutschen Bucht unter Berücksichtigung der Insel Helgoland) entstehenden „Küstenmeerbox" u. a. striktere Umweltschutzvorschriften einführen zu können, als das geltende Völkerrecht sie für die Nordsee vorsieht, sind bisher lediglich diskutiert worden. Die gerade Basislinie vor der schleswig-holsteinischen Nordseeküste verläuft annähernd in nord-

---

[270] Durchführungsabkommen von 1967 (Anm. 133), Art. 2 Abs. 2: „Die Grenze der Exklave zur See wird durch die seewärtige Begrenzung des Küstenmeeres (Territorialgewässer) gebildet."

[271] Die Bundesrepublik hat ebenso wie die DDR die 3 sm-Regelung des Deutschen Reiches beibehalten. Es fehlt eine gesetzliche Regelung, vgl. die Note der Bundesrepublik an die Vereinten Nationen vom 9. Februar 1956 (Anm. 266).

[272] Die Frage der Zulässigkeit eines mehr als 3 sm breiten Küstenmeeres blieb auf der 1. Genfer Seerechtskonferenz 1958 unbeantwortet und führte 1960 zum Scheitern der 2. Genfer Seerechtskonferenz der Vereinten Nationen, vgl. *Hermann Meyer-Lindenberg,* Seerechtliche Entwicklungstendenzen auf den Genfer Konferenzen von 1958 und 1960, ZaöRV, Bd. 21 (1961), S. 38 ff., 44; *Fritz Münch,* Die Internationale Seerechtskonferenz in Genf 1958, AVR, Bd. 8 (1959—60), S. 180 ff.; *ders.,* Die Zweite Internationale Seerechtskonferenz in Genf 1960, AVR, Bd. 9 (1961—62), S. 59 ff.; *Hoog* (Anm. 264), S. 17 ff., 20 ff. Die 3. UN-Seerechtskonferenz hat sich auf eine zulässige Küstenmeerbreite von bis zu 12 sm geeinigt, vgl. Art. 3 des Konventionsentwurfs 1982 (Anm. 264).

südlicher Richtung bis zu dem bereits erwähnten Wendepunkt[273] auf dem Scharhörner Watt zur linken Hand der Elbemündung. Dort biegt sie in einem stumpfen Winkel nach Südwesten ab, um sich vor der Küste der Hamburger Exklave und der niedersächsischen Küste bis zur niederländischen Grenze fortzusetzen. Dieser Basislinienknick ist das Ergebnis des stumpfwinkligen Verlaufs der deutschen Nordseeküste. Die durch sie gebildete Deutsche Bucht hat ihren Scheitelpunkt in der Elbemündung. Der Basislinienknick bewirkt auch die stumpfwinklige Form des Küstenmeeres und des sich anschließenden Festlandsockels vor der Elbemündung. Als Projektion der Küstenlinie hat die Basislinie auch im Zwischenländerverhältnis eine grundlegende Bedeutung für die Bemessung der Breite mariner Zonen und für deren laterale Abgrenzung.

Schleswig-Holstein geht offenbar von der Annahme aus, daß das in der Außenelbe bis zur Basislinie anzuwendende Talwegprinzip auch einer Abgrenzung im anschließenden Küstenmeer zugrundezulegen ist. In der Tat setzt sich die Schiffahrtsrinne jenseits der Mündungslinie der Elbe noch ein Stück in westlicher Richtung in das Meer hinein fort und bildet dort eine natürliche Fahrrinne für die in den Fluß ein- und auslaufenden, tiefgehenden Seeschiffe. Eine potentielle Rechtsgrundlage findet diese Auffassung in der bereits erwähnten, ausnahmsweisen Anwendung des Talwegprinzips im Meeresgebiet vor Flußmündungen[274].

Hamburgs Auffassung vom seitlichen Verlauf seiner Exklavegrenze in der Außenelbe und im Küstenmeer ist bisher nicht veröffentlicht worden. Das Durchführungsabkommen von 1967 zum Cuxhaven-Vertrag von 1961 verweist für die seitliche Exklavegrenze lediglich auf die noch nicht bestimmte „Landesgrenze Niedersachsen/Schleswig-Holstein"[275]. Unter den gegebenen Umständen wäre die niedersächsische Vorstellung vom Verlauf der Grenze[276] für Hamburg jedenfalls hinsichtlich der Größe seiner Exklave vorteilhafter als die schleswig-holsteinische. Allerdings muß sie sich die Verletzung schleswig-holsteinischen Gebietes im Wattenmeer entgegenhalten lassen. Im übrigen wurde schon dargelegt, daß die niedersächsische Grenzvorstellung sich im Gebiet des Wattenmeeres bis zur Basislinie weder als ein Anwendungsfall des flußrechtlichen Mittellinienprinzips (die Mitte zwischen welchen Seiten?) noch des seerechtlichen Äquidistanzprinzips (welches auch im Falle einer landwärtigen Anwendung von der Basislinie aus den erwähnten Basislinienknick

[273] s. o. Anm. 269.

[274] s. o. Anm. 268.

[275] Durchführungsabkommen von 1967 (Anm. 133), Art. 2 Abs. 1.

[276] Vgl. den Grenzverlauf im Bereich der Elbemündung in der Karte des Niedersächsischen Landesverwaltungsamts — Landesvermessung — 1978 II: Niedersächsisches Küstenmeer, 1 : 200 000 — Blatt Ost — hrsg. vom Nds. Min. d. Innern, Ref. 56.

berücksichtigen müßte) darstellt, sondern als eine lotrechte Verbindung von der Basislinie auf die Mitte der Verbindungslinie zwischen Cuxhaven-Döse und der Westkante des Dieksander Kooges. Ob Niedersachsen bei einer Küstenmeerabgrenzung vor der Elbemündung nun die erwähnte Lotlinie bis zur seewärtigen Grenze des Küstenmeeres verlängern will oder ob das Land sich in diesem Fall zutreffenderweise auf das Äquidistanzprinzip stützt, ist aus den Umständen nicht ersichtlich.

Wie schon für das Gebiet der Außenelbe fehlen auch für das Küstenmeer einschlägige Abgrenzungsregeln des innerstaatlichen Rechts. Der Bundesgesetzgeber hat in § 137 Abs. 1 BBergG das Äquidistanzprinzip zwar für die Einteilung der Länderzuständigkeiten „im Bereich des Festlandsockels“ und für die Zuordnung eines Bergbaufeldes zum Gebiet eines Landes vorgeschrieben[277]. Da ihm aber die erforderliche Zuständigkeit für eine Abgrenzung der Ländergebiete im Küstenmeer fehlt — Art. 29 Abs. 7 ist auch hier nicht anwendbar[278] — gilt diese bundesgesetzliche Abgrenzungsregel räumlich dort nicht, obwohl das Bundesberggesetz im übrigen auch auf Bodenschätze im Bereich des Küstenmeeres anwendbar ist[279]. Mangels einschlägiger Grenzvereinbarungen der Länder stellt sich also die Frage, ob bei einer Grenzziehung im Küstenmeer die erwähnte Vorschrift analog herangezogen werden kann, oder ob die maßgebliche Abgrenzungsregel wiederum durch eine entsprechende Anwendung des Völkerrechts (namentlich des Seerechts) gewonnen werden muß. Nach dem im vorigen Kapitel dargelegten Analogiebegriff wird diese Frage nicht durch einen systematischen Vorrang innerstaatlicher Normen vor internationalen beantwortet, sondern durch eine in jedem Einzelfall vorzunehmende, vergleichende Beurteilung der für eine entsprechende Anwendung in Betracht kommenden Prinzipien und Regeln.

Das Bundesberggesetz schreibt das Äquidistanzprinzip als Abgrenzungsmethode in § 137 Abs. 1 verbindlich vor, ohne es näher zu definieren, seine genauen Anwendungsmodalitäten zu nennen oder eine Antwort auf die Frage zu geben, welche anderen Methoden anzuwenden wären, sollte sich das Äquidistanzprinzip in einem Gebiet überhaupt als unanwendbar erweisen oder zu einem offensichtlich unbilligen oder unsinnigen Grenzverlauf führen. Entsprechend seiner Verwendung im See-

[277] § 137 Abs. 1 BBergG lautet: „Die Zuständigkeit der Länder im Bereich des Festlandsockels richtet sich nach dem Äquidistanzprinzip. Eine Feldes- oder Förderabgabe ist an das Land zu entrichten, an dessen Küstengewässer das Feld einer Erlaubnis, Bewilligung oder eines Bergwerkseigentums im Bereich des Festlandsockels angrenzt; die Zuordnung eines Feldes zum Gebiet des Landes bestimmt sich nach dem Äquidistanzprinzip“.

[278] s. o. S. 74 f.

[279] Vgl. den sachlichen und räumlichen Geltungsbereich des Gesetzes in §§ 2 u. 3 BBergG.

recht, dem es offensichtlich entlehnt worden ist, läßt sich das Äquidistanzprinzip definieren als eine Abgrenzungsmethode, bei der ausgehend von der Basislinie eine Grenzlinie gezogen wird, auf welcher jeder Punkt gleich weit von den nächstgelegenen Punkten der Basislinie entfernt ist[280]. Im vorliegenden Fall muß also der Basislinienknick vor der Elbemündung in der Äquidistanzlinie wieder auftauchen, sofern diese nicht im Wendepunkt der Basislinie selbst ihren Ausgangspunkt nimmt. Im übrigen breitet eine Anwendung des Äquidistanzprinzips zur lateralen Küstenmeerabgrenzung bei der gegenwärtigen Küstenmeerbreite von nur drei Seemeilen keine besonderen Probleme. Aber schon bei einer Ausdehnung der Küstenmeerbreite auf zwölf Seemeilen würden wegen der Insel Helgoland Abgrenzungsprobleme entstehen, für die das innerstaatliche Recht wiederum keine Regeln enthält. Man kann also festhalten, daß auch bei einer primären Anwendung des Äquidistanzprinzips analog § 137 Abs. 1 BBergG unter Umständen ein ergänzender Rückgriff auf seerechtliche Abgrenzungsprinzipien und -regeln nicht zu vermeiden ist.

Würde man hingegen unmittelbar, d. h. ohne vorherige analoge Anwendung des § 137 BBergG, zu einer entsprechenden Anwendung des Seerechts schreiten, wäre die Rechtslage insofern eine andere, als das Völkergewohnheitsrecht das Äquidistanzprinzip für die Küstenmeerabgrenzung nicht verbindlich vorschreibt, sondern nur als eine von mehreren Abgrenzungsmethoden vorsieht, deren Anwendung von den Umständen jedes Einzelfalles abhängt. Auch eine analoge Anwendung der einschlägigen Abgrenzungsvorschrift der von der Bundesrepublik nicht ratifizierten Genfer Küstenmeerkonvention von 1958 würde zu keinem anderen Ergebnis führen. Art. 12 Abs. 1 der Küstenmeerkonvention sieht nach seinem Wortlaut[281] zwar die Anwendung des Äquidistanzprinzips vor, es sei denn „überkommene Rechte“[282] oder „andere besondere Um-

---

[280] Vgl. Art. 12 Abs. 1 Küstenmeerkonvention 1958 bzw. Art. 15 Konventionsentwurf 1982 (Anm. 264).

[281] Der deutsche Wortlaut lautet in der amtlichen Übersetzung der DDR (GesBl. DDR 1974 II, S. 441, 442): „Artikel 12—1. Liegen die Küsten zweier Staaten einander gegenüber oder grenzen sie aneinander, so ist in Ermangelung einer zwischen ihnen bestehenden gegenteiligen Vereinbarung keiner der beiden Staaten berechtigt, seine Territorialgewässer über die Mittellinie auszudehnen, die an jedem Punkt gleich weit von den nächstgelegenen Punkten der Grundlinien entfernt ist, von denen aus die Breite der Territorialgewässer jedes der beiden Staaten gemessen wird. Die Bestimmungen dieses Absatzes finden jedoch keine Anwendung, wenn es wegen historischer Rechte oder anderer besonderer Umstände erforderlich ist, die Territorialgewässer der beiden Staaten abweichend von diesen Bestimmungen abzugrenzen.“

[282] Vgl. *Yehuda Z. Blum*, Historic Titles in International Law, Den Haag 1965, S. 241 ff.; *Günther Schotten*, Der historische Titel im Meeresvölkerrecht, Diss. Bonn 1967; *Rudolf Bernhardt*, Rechtsfragen historischer Buchten, in: Festschrift Berber, München, Berlin 1973, S. 47 ff.

stände" machen eine andere Abgrenzung erforderlich. Da die besonderen Umstände aber weder definiert sind, noch ihr Verhältnis zum Äquidistanzprinzip geklärt ist, führt eine Auslegung dieser Vorschrift im Lichte des geltenden Völkergewohnheitsrechts[283] zu dem Ergebnis, daß auch bei einer Abgrenzung nach der Küstenmeerkonvention das Äquidistanzprinzip nicht verbindlich vorgeschrieben ist. Auf Einzelheiten ist unten im Zusammenhang mit den strukturgleichen Abgrenzungsregeln des Völkerrechts für den Festlandsockel einzugehen (s. u. 3).

Im Ergebnis würde im vorliegenden Fall sowohl eine analoge Anwendung des § 137 Abs. 1 BBergG wie auch der völkerrechtlichen Abgrenzungsnormen zu einer Anwendung des Äquidistanzprinzips im Küstenmeer führen. Die unterschiedliche rechtliche Begründung dieses Ergebnisses wird insbesondere am Beispiel der schleswig-holsteinischen Grenzvorstellung deutlich. Bei einer verbindlichen Anwendung des Äquidistanzprinzips im Küstenmeer aufgrund einer analogen Anwendung des § 137 Abs. 1 BBergG würde die schleswig-holsteinische Vorstellung von einer Talweggrenze im Küstenmeer a priori von Rechts wegen ausgeschlossen sein. Bei einem primären Rückgriff auf entsprechende Abgrenzungsnormen des Seerechts würde das Talwegprinzip hingegen grundsätzlich zu den potentiellen Abgrenzungsmethoden gehören und wäre unter Berücksichtigung aller relevanten Umstände erst im Wege eines Wertungsprozesses auszuscheiden. Dabei wäre zu berücksichtigen, daß die besonderen geographischen Verhältnisse, welche in der Außenelbe für eine Annahme des Talwegprinzips sprechen, im Küstenmeer fehlen. Ferner würden Teile des schleswig-holsteinischen Küstenmeeres bei Annahme einer Talweggrenze geographisch näher bei der hamburgischen bzw. niedersächsischen Küste liegen, als bei der schleswig-holsteinischen, weil die (Ansteuerungs-)Fahrrinne vor der Mündung der Außenelbe annähernd in westlicher Richtung verläuft. Schließlich wäre auch zu beachten, daß das Talwegprinzip bei einer Ausdehnung des Küstenmeeres auf zwölf Seemeilen nur noch in einem kleinen Teil desselben angewendet werden könnte, weil die Fahrrinne schon nach wenigen Meilen endet.

Bei der Wahl zwischen einer analogen Anwendung der bundesgesetzlichen oder der völkerrechtlichen Abgrenzungsnormen geben letztlich einige generelle Erwägungen den Ausschlag für § 137 Abs. 1 BBergG. Die geographischen Verhältnisse des Küstenmeeres und des anschließenden Festlandsockels sind in der Deutschen Bucht einander so ähnlich, daß es sachlich geboten erscheint, im vorliegenden Fall eine einheitliche Abgrenzungsmethode zu verwenden. Hinzu kommt, daß die Abgrenzung in

---

[283] Vgl. Art. 31 Abs. 3 Buchst. c der Wiener Vertragsrechtskonvention, deutscher Text in Österr. GBl. 1980, S. 775.

beiden Zonen Gemeinsamkeiten aufweist und sich in gewissem Umfang sogar gegenseitig bedingt. Denn sowohl die laterale Küstenmeer- wie auch die entsprechende Festlandsockelabgrenzung gehen auch im Zwischenländerverhältnis von der Basislinie aus. Als „natürliche Fortsetzung" des Landes im Meer schließt sich der Festlandsockel rechtlich unmittelbar an das Küstenmeer an, und der Endpunkt der lateralen Küstenmeergrenze bildet den Ausgangspunkt für die Festlandsockelabgrenzung. Dementsprechend setzt diese die Küstenmeerabgrenzung voraus. Umgekehrt würde eine Ausdehnung der Küstenmeerbreite auf zwölf Seemeilen die in dem betroffenen Gebiet etwa vorhandenen Zuständigkeitsgrenzen nicht obsolet werden lassen, sondern in Landesgrenzen umwandeln, da sämtliche Grenzlinien von denselben Basislinien ausgehen. Es ist anzunehmen, daß das vom Bundesgesetzgeber in § 137 Abs. 1 BBergG für den Festlandsockel vorgeschriebene Äquidistanzprinzip die sachlich am besten geeignete Abgrenzungsmethode für das gesamte Meeresgebiet der Deutschen Bucht darstellt. Die genannte Vorschrift verkörpert sozusagen das gesetzliche Ergebnis eines Auswahlprozesses zwischen mehreren möglichen Abgrenzungsmethoden. Anders gewendet: Wäre der Bundesgesetzgeber verfassungsrechtlich auch für eine Bestimmung der Abgrenzungsmethode im Küstenmeer zuständig, würde er sicherlich auch dort das Äquidistanzprinzip vorschreiben.

Das Fehlen einer verfassungsrechtlichen Zuständigkeit des Bundes ist für die sachliche Geeignetheit der erwähnten Abgrenzungsmethode im Küstenmeer ohne Belang. Es gibt jedoch den betroffenen Ländern die Möglichkeit, im Vertragswege eine andere Abgrenzungsmethode zu wählen, etwa indem sie eine bestimmte Brechpunktgrenze vereinbaren. Solange eine derartige Grenzvereinbarung aber nicht getroffen worden ist, ist bei einer seitlichen Abgrenzung des Küstenmeeres zwischen den Bundesländern aus den erwähnten Gründen von einer Anwendung des Äquidistanzprinzips analog § 137 Abs. 1 BBergG auszugehen. Als Ausgangspunkt der Ländergrenze im Küstenmeer dient der Endpunkt der im vorigen Kapitel behandelten (Außen-) Elbegrenze auf der Basislinie vor der Elbemündung. Der Basislinienknick ist den Umständen nach zu berücksichtigen. Der Endpunkt der seitlichen Ländergrenze im Küstenmeer wird durch den Schnittpunkt der Äquidistanzlinie mit der Außengrenze des Küstenmeeres (Territorialgrenze) gebildet.

2. Die Zuständigkeitsgrenzen der Bundesländer auf dem deutschen Festlandsockel

Der Meeresgrund und -untergrund jenseits des deutschen Küstenmeeres in der Nordsee bildet den deutschen Festlandsockel. Dieser grenzt im Norden an den dänischen, im Westen an den niederländischen und mit dem Ende seines entenschnabelförmigen Ausläufers im Nordwesten an den britischen Festlandsockel. Nachdem seine Außengrenzen zunächst im küstennahen Bereich in Grenzverträgen mit Dänemark und den Niederlanden festgelegt worden waren, wurden sie 1971 auch in den küstenfernen Gebieten bestimmt[284]. Diesen Verträgen war 1969 eine erfolgreiche Klage der Bundesrepublik gegen die Niederlande und Dänemark vor dem Internationalen Gerichtshof (IGH) in Den Haag vorausgegangen[285]. Völkerrechtlich gehört der Festlandsockel nicht zum Staatsgebiet (Territorium) des Küstenstaates. Dieser hat lediglich „exklusive souveräne Rechte", d. h. einzelne, nur ihm zustehende Hoheitsrechte an den natürlichen Reichtümern des Festlandsockels. Diese rechtliche Festlandsockelkonzeption wird von der völkerrechtlichen Rechtsprechung[286] und ganz überwiegend von der Lehre[287] damit begründet, daß sich die Souveränität des Staates, welche als Gebietshoheit auch seine Hoheitsgewalt über die Bodenschätze des Landes beinhaltet, in Form ausschließlicher Hoheitsrechte über die natürlichen Reichtümer des Festlandsockels fortsetzt, weil der Festlandsockel in rechtlicher Hinsicht die „natürliche Fortsetzung" (natural prolongation) des Landes in das Meer darstelle. Der Küstenstaat besitzt diese exklusiven, souveränen Rechte dementsprechend „*ipso facto* and *ab initio*", wie sich der IGH im Nordsee-Festland-

---

[284] Betr. den küstennahen Festlandsockel vgl. die Abgrenzungsverträge der Bundesrepublik mit den Niederlanden vom 1. Dezember 1964 (BGBl. 1965 II, 114) und mit Dänemark vom 9. Juni 1965 (BGBl. 1966 II, 207). Betr. den küstenfernen Festlandsockel die Kopenhagener Verträge und das Gemeinsame Protokoll vom 28. Januar 1971 mit Dänemark und den Niederlanden (BGBl. 1972 II, S. 882), dazu *Dedo von Schenck*, Die vertragliche Abgrenzung des Festlandsockels unter der Nordsee zwischen der Bundesrepublik Deutschland, Dänemark und den Niederlanden nach dem Urteil des Internationalen Gerichtshofes vom 20. Februar 1969, Jahrbuch für Internationales Recht, Bd. 15 (1971), S. 370 ff.; sowie den Londoner Vertrag mit Großbritannien vom 25. November 1971 (BGBl. 1972 II, 897).

[285] North Sea Continental Shelf Cases, Judgment of 20 February 1969, ICJ Rep. 1969, S. 1. Vgl. dazu *Eberhard Menzel*, Der Festlandsockel der Bundesrepublik Deutschland und das Urteil des Internationalen Gerichtshofs vom 20. Februar 1969, Jahrbuch für Internationales Recht, Bd. 14 (1969), S. 13 ff.; *Fritz Münch*, Das Urteil des Internationalen Gerichtshofs vom 20. Februar 1969 über den deutschen Anteil am Festlandsockel in der Nordsee, ZaöRV, Bd. 29 (1969), S. 455 ff.

[286] ICJ Rep. 1969, S. 22, Ziff. 19. Ebenso das Schiedsgericht im britisch-französischen Festlandsockelfall, Arbitration between the United Kingdom of Great Britain and Northern Ireland and the French Republic on the Delimitation of the Continental Shelf, Decision of 30 June 1977, ILM, Vol. XVIII (1979), S. 397 ff., 422, Ziff. 77; vgl. zum letzteren *Bernd Rüster*, Das britisch-französische Schiedsverfahren über die Abgrenzung des Festlandsockels: Die Entscheidungen vom 30. Juni 1977 und vom 14. März 1978, ZaöRV, Bd. 40 (1980), S. 803 ff.

[287] Vgl. statt vieler *Karlheinz Zeiher*, Der Begriff des Festlandsockels, Diss., Frankfurt 1971, S. 48 ff.; *Ulf-Dieter Klemm*, Die seewärtige Grenze des Festlandsockels, Berlin, Heidelberg, New York 1976, S. 226 ff.; *Bernd Rüster*, Die Rechtsordnung des Festlandsockels, Berlin 1978, S. 232 ff. Kritisch *Wolfgang Friedmann*, The North Sea Continental Shelf Cases — A Critique, AJIL 64 (1970), S. 229 ff.

sockelurteil ausdrückte[288], also ohne daß dazu eine besondere Erklärung notwendig wäre.

Die Bundesrepublik hat für ihren innerstaatlichen Gebrauch keinen besonderen Festlandsockelbegriff entwickelt, sondern knüpft in dem (inzwischen allerdings aufgehobenen) vorläufigen Festlandsockelgesetz von 1964[289], dem Bundesberggesetz[290] und dem vorläufigen Tiefseebergbaugesetz von 1980[291] an den entsprechenden völkerrechtlichen Begriff an. Dementsprechend entstehen bei einer Festlandsockelabgrenzung im Zwischenländerverhältnis verfassungsrechtlich keine Landesgrenzen, sondern lediglich „Zuständigkeitsgrenzen" der deutschen Bundesländer. Allerdings wurde im Zusammenhang mit der deutschen Festlandsockelproklamation[292] und dem anschließenden Festlandsockelgesetz von 1964 seitens der Staats- und Völkerrechtslehre der Bundesrepublik die Frage gestellt, wem in unserem föderativen Verfassungssystem die Festlandsockelrechte, insbesondere das Recht auf den Förderzins an etwaigen Bodenschätzen, zustehen. Während allgemein zu Recht angenommen wird, daß das Grundgesetz diese Frage nicht beantwortet, standen sich zunächst die Auffassungen gegenüber, daß der Förderzins dem Bund oder allen Bundesländern gemeinsam zur gesamten Hand, oder den einzelnen norddeutschen Küstenländern zustehe[293]. Die Fragestellung verlor allerdings in den folgenden Jahren vorübergehend ihre Aktualität, als

---

[288] s. o. Anm. 286.

[289] Gesetz zur vorläufigen Regelung der Rechte am Festlandsockel vom 24. Juli 1964 (BGBl. 1964 I, 497), kritisch dazu *Eberhard Menzel,* Der deutsche Festlandsockel in der Nordsee und seine rechtliche Ordnung, AöR, Bd. 90 (1965), S. 1, 38 ff. Das Gesetz wurde durch § 175 Ziff. 5 BBergG aufgehoben. Nach § 1 vorläufig. Festlandsockelges. war der Festlandsockel im Sinne der völkerrechtlichen Festlandsockelproklamation der Bundesregierung vom 22. Januar 1964 (BGBl. 1964 II, 104) gemeint.

[290] Das Bundesberggesetz definiert den Festlandsockel nicht selbst, sondern setzt den Begriff in §§ 2, 3 und seinen „Besonderen Vorschriften für den Festlandsockel" (Teil 9, §§ 132—137) voraus. Dabei bleiben die völkerrechtlichen Regeln über die Hohe See und den Festlandsockel unberührt (§ 2 Abs. 3 Satz 2). Der Entwurf 1977 ging vom Bestehen „souveräner Hoheitsrechte" der Bundesrepublik über den Festlandsockel zum Zweck der Erforschung und Ausbeutung seiner Naturschätze aus, vgl. Deutscher Bundestag, Drucks. 8/1315, S. 73, Ziff. 8.

[291] Das Gesetz zur vorläufigen Regelung des Tiefseebergbaus vom 16. August 1980 (BGBl. 1980 I, 1457) bezieht sich unausgesprochen auf den Festlandsockel, indem es den Tiefseeboden gegenüber Gebieten abgrenzt, „für welche die Bundesrepublik Deutschland Hoheitsrechte beansprucht oder Hoheitsrechte anderer Staaten anerkennt" (§ 2 Ziff. 4).

[292] s. o. Anm. 289.

[293] Vgl. *Ignaz Seidl-Hohenveldern,* Der deutsche Festlandsockel und die Bundesländer, in: Festschrift für Jahrreiß, Köln, Berlin 1964, S. 395 ff.; *Josef Kölble,* Bundesstaat und Festlandsockel, DÖV 1964, S. 217 ff.; *H. P. Ipsen,* Bespr. Badura, DVBl. 1964, S. 407; *Menzel* (Anm. 289), S. 46 ff.; *Jochen Abr. Frowein,* Verfassungsrechtliche Probleme um den deutschen Festlandsockel, ZaöRV, Bd. 25 (1965), S. 1 ff.; *Raimund Willecke,* Der Festlandsockel — seine völker- und verfassungsrechtliche Problematik, DVBl. 1966, S. 461, 464 ff.

die Suche nach wirtschaftlich ergiebigen Lagerstätten auf dem deutschen Festlandsockel erfolglos blieb. Rechtzeitig vor der Entdeckung einer wirtschaftlich aussichtsreichen Erdgaslagerstätte auf dem deutschen Festlandsockel westlich von Helgoland hat das Bundesberggesetz aber 1980 eine wichtige Vorentscheidung getroffen, indem § 137 Abs. 1 Satz 2 für den Festlandsockel bestimmt, daß die Feldes- oder Förderabgaben an das bei Anwendung des Äquidistanzprinzips nächstgelegene Bundesland zu entrichten sind. Die Kompetenz des Bundesgesetzgebers zur Regelung der Länderzuständigkeiten auf dem Festlandsockel ergibt sich kraft Sachzusammenhangs aus seiner Zuständigkeit für das Recht der Wirtschaft nach Art. 74 Ziff. 11 GG. § 137 BBergG ist allerdings nur eine „Übergangsregelung". Nach § 137 Abs. 2 BBergG ist eine „endgültige Regelung der Rechte am Festlandsockel einschließlich einer Regelung über die Zuweisung der Feldes- und Förderabgabe" einem besonderen Gesetz vorbehalten. Dies dürfte das noch ausstehende, endgültige Festlandsockelgesetz der Bundesrepublik sein. Die finanzpolitische Bedeutung dieser Regelung liegt darin, daß die erwähnten Abgaben den betreffenden Ländern statt dem Bund zufließen. Ferner besitzen die Länder mit der Möglichkeit einer Festsetzung der Abgabenhöhe innerhalb eines bestimmten gesetzlichen Rahmens[294] ein eigenes wirtschaftspolitisches Instrument zur Förderung der heimischen Mineralöl- und Bergbauindustrie.

Die erwähnte Regelung beruht letztlich auf dem Gedanken einer innerstaatlichen Anwendung des völkerrechtlichen Festlandsockelbegriffs. Solange das Grundgesetz selbst nichts anderes bestimmt, stehen die Hoheitsrechte über die Bodenschätze des Festlandsockels innerstaatlich denjenigen Bundesländern zu, deren Landeshoheit über jenes Land besteht, welches sich als „natürliche Verlängerung" unter dem Meer fortsetzt. Hingegen besitzen die „Binnenländer" unter den Bundesländern nach dieser Konzeption ebensowenig eigene Hoheitsrechte am Festlandsockel der Küstenländer, wie auf zwischenstaatlicher Ebene etwa den Binnenstaaten Österreich oder der Schweiz derartige Rechte am deutschen Festlandsockel zustehen. Ein „Bundes-Festlandsockel"[295] würde außerdem unserer Verfassungsordnung widersprechen, die im Gegensatz etwa zu derjenigen der Vereinigten Staaten[296] auch kein bundeseigenes Territorium kennt. Die Annahme eines allen Bundesländern gemeinsam zustehenden Festlandsockels wäre ein verfassungsrechtliches Novum und

---

[294] s. o. Anm. 5.

[295] Der Entwurf 1977 enthielt keine Abgrenzungsregel, sondern ging von der Zuordnung der Festlandsockelrechte zum Bund aus, vgl. Anm. 290.

[296] Vgl. dazu *Hugo J. Hahn*, Der atlantische Festlandsockel der Vereinigten Staaten und das amerikanische Verfassungsrecht, in: Festschrift für v. d. Heydte, Berlin 1977, S. 223 ff. Zur verfassungsrechtlichen Situation in Australien vgl. *D. P. O'Connell*, Die Rechtsordnung der Meereszonen im Verhältnis von Bund und Gliedstaaten in Australien, Jahrbuch für Internationales Recht, Bd. 16 (1973), S. 209 ff.

würde dem überkommenen und vom Bundesberggesetz bestätigten Grundsatz widersprechen, daß die Bodenschätze jeweils dem Land zustehen, auf dessen Gebiet sie gefunden werden. Es besteht zwar keine Gebietshoheit über den Festlandsockel, aber dennoch ist nicht zu übersehen, daß die an ihm bestehenden Hoheitsrechte ihrem Ursprung nach territorialer Natur sind.

Da § 137 Abs. 1 BBergG das Äquidistanzprinzip als verbindliche Abgrenzungsmethode für die Zuständigkeiten der Bundesländer auf dem deutschen Festlandsockel bundesgesetzlich vorschreibt, können die Länder dort, im Gegensatz etwa zum Küstenmeer, keine andere Abgrenzungsmethode vereinbaren. Es wurde schon bei der Abgrenzung des Küstenmeeres darauf hingewiesen, daß die Definition des Äquidistanzprinzips und seine Anwendungsmodalitäten mangels innerstaatlicher Regelungen dem Seerecht entnommen werden müssen. Bei einer Abgrenzung des deutschen Festlandsockels zwischen den Bundesländern können insbesondere drei geographische Erscheinungen Schwierigkeiten bereiten: der Basislinienknick vor der Elbemündung und damit die stumpfwinklige Form des Festlandsockels in der Deutschen Bucht, die zu Schleswig-Holstein gehörende Insel Helgoland und schließlich die entenschnabelförmige Verlängerung des Festlandsockels im Nordwesten. Auch diese Abgrenzungsprobleme können nicht ohne Rückgriff auf entsprechende seerechtliche Abgrenzungsregeln und -prinzipien gelöst werden, da das innerstaatliche Recht auch hierfür keine Normen bereithält.

Die völkerrechtlichen Abgrenzungsregeln werden im folgenden Abschnitt im Zusammenhang behandelt, außerdem ist auch auf die bei jeder Abgrenzung besonders wichtige Verhandlungspflicht einzugehen (s. u. 3 und 4). An dieser Stelle sollen nur einige für diese Festlandsockelabgrenzung besonders wichtige Grundsätze genannt werden: Jedem Bundesland mit eigenem Küstenmeer steht auch ein Teil des sich anschließenden Festlandsockels zu. Dabei ist es für die Existenz eines hamburgischen Festlandsockels seewärts der Hamburger Exklave im Neuwerker und Scharhörner Watt unschädlich, daß Hamburg in dem Durchführungsabkommen von 1967 „die ihm etwa außerhalb der Exklave im Bereich des Festlandsockels jetzt oder künftig zufallenden öffentlich-rechtlichen Aufsuchungs- und Gewinnungsrechte an Bodenschätzen sowie sonstige öffentlich-rechtliche Nutzungs- und Verwaltungsbefugnisse hinsichtlich des Untergrundes zur Ausübung auf Niedersachsen" übertragen hat[297]. Denn bei dieser vertraglichen Übertragung der hamburgischen Festlandsockelrechte „zur Ausübung" handelt es sich um eine Verwaltungszession und nicht um eine Abtretung der Festlandsockelrechte als solcher. Anders gesagt, Niedersachsen hat in dem Durchführungsabkommen von

[297] Durchführungsabkommen 1967 (Anm. 133), Art. 3 Abs. 1.

1967 das Recht auf Nutzung der hamburgischen Festlandsockelrechte erhalten, aber nicht die aus der hamburgischen Gebietshoheit über seine Exklave fließenden Rechte selbst. Dies würde sich etwa im Falle einer Ausdehnung der Küstenmeerbreite auf zwölf Seemeilen zeigen, indem der davon betroffene hamburgische Festlandsockel trotz der niedersächsischen Nutzungsrechte an diesem Gebiet zum hamburgischen Staatsgebiet werden würde. Praktisch folgt daraus, daß auf dem Festlandsockel auch eine niedersächsisch/hamburgische Zuständigkeitsgrenze gezogen werden muß. Ein weiterer Grundsatz ist, daß auch bei einer Festlandsockelabgrenzung zwischen den Bundesländern von der Basislinie auszugehen ist. Dementsprechend ist der Basislinienknick vor der Elbemündung auf dem Festlandsockel zu berücksichtigen, sofern er sich nicht schon im Küstenmeer ausgewirkt hat. Da Inseln ein eigenes Küstenmeer besitzen, ist die Insel Helgoland bei der Festlandsockelabgrenzung zu berücksichtigen. Ein Grundgedanke jeder Abgrenzung nach dem Äquidistanzprinzip ist schließlich, daß kein Staat ein Meeresgebiet erhalten soll, welches der Küste eines anderen Staates näher liegt, als seiner eigenen. Die Ausgangspunkte der Zuständigkeitsgrenzen der Bundesländer auf dem deutschen Festlandsockel werden von den Endpunkten der jeweiligen Ländergrenzen auf der Außengrenze des Küstenmeeres gebildet.

3. Die ergänzend anwendbaren Abgrenzungsnormen des Seerechts

Im Gegensatz zum innerstaatlichen Recht (§ 137 Abs. 1 BBergG) schreibt das geltende Völkergewohnheitsrecht für die seitliche Abgrenzung mariner Zonen[298] *kein* bestimmtes Abgrenzungsprinzip vor. Es geht vielmehr primär von einer Pflicht der benachbarten Staaten aus, in sinnvolle Verhandlungen über den Verlauf der Grenzlinie einzutreten. Diese gewohnheitsrechtliche *Verhandlungspflicht* ist vom IGH in seinem Urteil vom 20. Februar 1969 zu den Nordsee-Festlandsockelfällen zwar nur für den Festlandsockel festgestellt worden[299]. Da die Staaten an ihrem Küstenmeer aber nicht, wie am Festlandsockel, nur souveräne Rechte, sondern territoriale Souveränität besitzen, dürfte diese primäre Verhandlungspflicht erst recht auf eine gewohnheitsrechtliche Küstenmeerabgrenzung anzuwenden sein. Der Gerichtshof zählte sie dementsprechend auch zu den „rules binding upon all delimitations"[300].

---

[298] Vgl. generell zur seerechtlichen Abgrenzung *Ulf-Dieter Klemm*, Allgemeine Abgrenzungsprobleme verschiedener seerechtlich definierter Räume, ZaöRV, Bd. 38 (1978), S. 512 ff.

[299] ICJ Rep. 1969, S. 47, Ziff. 85.

[300] a.a.O. (Anm. 299).

Die Verhandlungspflicht stellt sich für den IGH als eine selbständige völkerrechtliche Pflicht dar[301]. Sie gehört zu den international-nachbarrechtlichen Pflichten, die auf die Erzielung eines Konsenses zum Zwecke einer reziproken Interessensicherung angelegt sind. Der Gerichtshof leitet sie aus dem Begriff der Abgrenzung (delimitation) her, als einem Verfahren zwischen zwei oder mehreren Staaten, das immer die Rechte aller betroffenen Staaten berührt[302]. „Sinnvoll" (meaningful)[303] wären die Verhandlungen nach Meinung des IGH dann nicht, wenn die Staaten nur einen formellen Verhandlungsprozeß als Voraussetzung für die Anwendung einer bestimmten Abgrenzungsmethode durchlaufen würden, oder wenn ein Staat auf seinem Standpunkt beharrt, ohne überhaupt eine Änderung desselben in Erwägung zu ziehen. Positiv gewendet müssen die beteiligten Staaten in den Abgrenzungsverhandlungen nach Treu und Glauben ernsthaft alle rechtlichen und tatsächlichen Umstände und Methoden erwägen, die in dem gegebenen Fall für eine angemessene Grenzlinie bedeutsam sein können. Dies dürften praktisch weitgehend die gleichen sein, die auch bei einer Grenzziehung durch ein internationales Gericht auf gewohnheitsrechtlicher Grundlage zu berücksichtigen wären.

Neben dieser Verweisung auf einen Verhandlungsprozeß — also ein Verfahren — finden wir auf der Suche nach *normativen Abgrenzungsregeln* nur inhaltlich offene Normen. Diese geben nicht mehr als einen sehr weiten Wertungs- und Handlungsrahmen, ohne eine bestimmte Abgrenzungsmethode vorzuschreiben. Da ist zunächst die „grundlegende" Norm, daß die Abgrenzung „in accordance with equitable principles" erfolgen muß[304]. Gemeint sind dabei Abgrenzungsmethoden und alle Grundsätze und Faktoren, die als Kriterien einer angemessenen Abgrenzung dienen können. Welche dabei rechtlich aber als „angemessen" anzusehen sind, wird nicht definiert und läßt sich abstrakt-generell auch nicht vorhersagen, da die Bedeutung und Auswirkung jedes Kriteriums von den Umständen jedes Einzelfalles abhängt. Ein internationaler Schiedsgerichtshof (SchGH) hat in seiner Entscheidung vom 30. Juni 1977 im britisch-französischen Festlandsockelfall zutreffend darauf hingewiesen, daß sich im Einzelfall oft leichter als seine positive Sachgerechtigkeit feststellen läßt, ob ein Abgrenzungskriterium „inequitable" ist. Dabei hat er durch eine Gleichsetzung der „reasonable or unreasonable" mit

---

[301] D. h. als gewohnheitsrechtliche, nicht als vertraglich durch Art. 6 Festlandsockelkonvention 1958 geschaffene Pflicht, da diese Konvention zwischen den Streitparteien nicht galt, vgl. ICJ Rep. 1969, S. 46, Ziff. 83.

[302] ICJ Rep. 1969, S. 22, Ziff. 20.

[303] ICJ Rep. 1969, S. 47, Ziff. 85 (a).

[304] ICJ Rep. 1969, S. 46, Ziff. 85; so auch der Tenor: S. 53, Ziff. 101 (C); ebenso das Schiedsgericht im britisch-französischen Festlandsockelfall (Anm. 286), ILM 1979, S. 426 f., Ziff. 97.

den „equitable or inequitable" Auswirkungen bestimmter geographischer Eigenarten oder Ausgestaltungen auf einen bestimmten Grenzverlauf deutlich gemacht, daß eine in dem jeweiligen Sachzusammenhang „unvernünftige" Grenzregelung wohl nicht als „angemessene" anzusehen ist[305].

Das Gewohnheitsrecht beläßt es bei diesem Verweis auf „angemessene Abgrenzungsmethoden" ohne eine bestimmte Methode oder einen Faktor verbindlich vorzuschreiben, weil im Seerecht die für eine Normbildung erforderliche Typisierung der Anwendungsfälle nicht möglich ist. Inseln, unregelmäßige oder zerklüftete Küstenlinien, natürliche Schiffahrtsrinnen in Meerengen und ähnliche geographische Erscheinungen würden bei einer formellen Anwendung bestimmter Abgrenzungsmethoden vielerorts zu ungerechten Grenzlinien führen. Dennoch darf daraus nicht geschlossen werden, daß im Einzelfall völlige Auswahlfreiheit hinsichtlich der Abgrenzungsmethoden bestünde. Vielmehr ergibt sich die Angemessenheit (ihr „equitable character") einer Abgrenzungsmethode, wie der SchGH hervorhebt[306], immer aus der jeweiligen geographischen Situation.

Ein Beispiel möge dies verdeutlichen: In der Staatenpraxis verwendet man bei gegenüberliegenden Staaten als Grenzlinie gewöhnlich die *Mittellinie* zwischen den Basislinien, von denen aus die Staaten ihr Küstenmeer berechnen. Grenzen die Staaten hingegen seitlich aneinander, so verwendet man die auf dem gleichen geometrischen Prinzip beruhende *Äquidistanzmethode,* bei der jeder Punkt der gewöhnlich im Schnittpunkt der Basislinien beginnenden Grenzlinie gleich weit von den nächstgelegenen Punkten auf den Basislinien entfernt liegt. Nachdem schon der IGH festgestellt hatte, daß die Äquidistanzmethode nicht Teil des geltenden Gewohnheitsrechts sei[307], wies der SchGH auch darauf hin, daß gegenüberliegende und laterale Abgrenzungsfälle schon deswegen zu unterscheiden sind, weil die Wirkung kleiner Unregelmäßigkeiten der Küstenlinie durch die Äquidistanzmethode in größerer Entfernung von der Küste vergrößert wird[308]. Andererseits ist auch bei gegenüberliegenden Staaten die Mittellinie nicht als gewohnheitsrechtliche Grenzlinie vorgeschrieben, denn ein Festlandsockelgebiet kann zum Beispiel räumlich näher bei einem Staat liegen und doch einem anderen Staat angehören, weil es die natürliche Fortsetzung seines Land-Territoriums im

---

305 ILM 1979, S. 427, Ziff. 100.

306 ILM 1979, S. 424, Ziff. 84: „. . . the appropriateness — the equitable character — of the method is always a function of the particular geographical situation".

307 ICJ Rep. 1969, S. 47, Ziff. 85 (b), S. 49, Ziff. 89 f., S. 53, Ziff. 101 (A); ebenso der SchGH, ILM 1979, S. 423 ff., Ziff. 82, S. 426 f., Ziff. 97.

308 ILM 1979, S. 424, Ziff. 86, S. 426, Ziff. 95.

Meer bildet. Dennoch ist nicht zu verkennen, daß gerade das Mittellinienprinzip in dem aus der Staatengleichheit fließenden Rechtsgedanken wurzelt, wonach grundsätzlich kein Staat ein Meeresgebiet beanspruchen soll, welches näher bei einem anderen Staat als bei ihm selbst liegt[309]. Aber nicht nur geographische Gesichtspunkte sind bei einer Abgrenzung zu berücksichtigen. Spielte beispielsweise die Proportionalität zwischen Küstenlänge und Festlandsockelgröße im Urteil des IGH noch eine gewisse Rolle, so maß der SchGH ihr hingegen keine generelle, für alle Abgrenzungsfälle geltende Bedeutung mehr zu[310]. Bei der Festlegung der Festlandsockel-Exklaven der britischen Kanalinseln zog er stattdessen neben geographischen auch rechtliche und sogar politische Gesichtspunkte heran und wollte auch sicherheitspolitische Faktoren nicht grundsätzlich von der Hand weisen[311].

Schließlich könnte der ebenso wie die Äquidistanzmethode auf dem Gedanken der formellen Staatengleichheit beruhende Gesichtspunkt der *Teilung des Gebiets* auch einen Einfluß auf den Grenzverlauf haben. Allerdings ist er sowohl im Völkerrecht wie auch im Zwischenländerrecht gegenüber den anderen Abgrenzungskriterien nur subsidiär. So hielt es der StGH im Lübecker-Bucht-Fall „für angebracht und zur Wahrung der Interessen beider Parteien für geboten, das unter ihnen streitige Buchtgewässer" zu teilen, als die beigebrachten Unterlagen zu weiteren Feststellungen über die Gebietshoheit nicht ausreichten[312]. Ähnlich sah der IGH im Nordsee-Festlandsockel-Fall vor, daß, wenn nach der Anwendung der vorher dargelegten Abgrenzungsregeln dennoch Gebiete mit sich überschneidenden Ansprüchen zurückblieben, diese mangels abweichender Vereinbarungen zu gleichen Teilen aufzuteilen seien[313].

Zusammengefaßt schreibt das Völkergewohnheitsrecht für die seitliche Abgrenzung mariner Zonen also nicht ein bestimmtes Abgrenzungsprinzip vor, sondern verpflichtet die beteiligten Staaten, sich in Verhandlungen unter Berücksichtigung aller Umstände um die im jeweiligen Einzelfall angemessenste Abgrenzungsmethode zu bemühen. Nur am Rande sei vermerkt, daß dies nach Auffassung des Schiedsgerichtshofs im britisch-französischen Festlandsockelstreit auch bei einer Anwendung der vertraglichen Abgrenzungsregeln der Genfer Seerechtskonventionen von 1958 nicht grundsätzlich anders ist[314].

---

[309] ICJ Rep. 1969, S. 30, Ziff. 42; ILM 1979, S. 423, Ziff. 80.

[310] ICJ Rep. 1969, S. 52, Ziff. 98; ILM 1979, S. 427, Ziff. 99 ff.

[311] ILM 1979, S. 442, Ziff. 188.

[312] RGZ 122, Anh. S. 13.

[313] ICJ Rep. 1969, S. 53, Ziff. 101 (C) (2).

[314] ILM 1979, S. 421 f., Ziff. 68—75; anders noch ICJ Rep. 1969, S. 45, Ziff. 81.

4. Die Verhandlungs- und Kooperationspflicht

Die materiellen Abgrenzungskriterien können im Seerecht nicht von der erwähnten Verhandlungspflicht der betroffenen Staaten isoliert werden. Erst die funktionale Verbindung beider Elemente macht die Besonderheit der seerechtlichen Abgrenzungsprinzipien aus. Die Verhandlungspflicht dient dazu, alle möglicherweise relevanten Gesichtspunkte in einem diskursiven Verfahren aufzubereiten, um eine möglichst sachgemäße Grenzregelung zu finden, die als Grundlage für einen Konsens der Parteien dienen kann. Ohne diese spezielle Verhandlungspflicht müßten die materiellen Gesichtspunkte in den zwischenstaatlichen Beziehungen vielfach wirkungslos bleiben, da es gar nicht erst zu Abgrenzungsverhandlungen käme. Denn weil das Völkergewohnheitsrecht bisher noch keine generelle Verhandlungspflicht kennt, wäre eine die Abgrenzung verhindernde Untätigkeit eines Staates nur unter der Voraussetzung völkerrechtswidrig, daß eine besondere Pflicht aller betroffenen Anrainer- oder Nachbarstaaten besteht, in sinnvolle Verhandlungen über den Grenzverlauf einzutreten.

Schon während dieser Verhandlungen ist gelegentlich ein aktives, über die verbale Kommunikation hinausgehendes Zusammenwirken der betreffenden Staaten erforderlich, etwa zur Feststellung der besonderen geographischen und rechtlichen Verhältnisse eines Grenzgebietes. Eine besondere Kooperationspflicht gewinnt nach der rechtlichen Festlegung des Grenzverlaufs etwa bei der gemeinsamen physischen Abmarkung der Grenze durch Grenzmarken (selbstverständlich nicht bei einer einseitigen Grenzbefestigung) eine um so größere Bedeutung. Ebenso wie die Verhandlungspflicht, deren praktische Ergänzung sie bildet, ist sie als weitere, selbständige Pflicht anzusehen, die sich aus dem Wesen der Abgrenzung als einem Verfahren ergibt, welches alle angrenzenden Parteien einbezieht.

Die erwähnten Verhandlungs- und Kooperationspflichten fallen bei einer entsprechenden Anwendung seerechtlicher Abgrenzungsnormen auf die Zwischenländerbeziehungen aber weder unberücksichtigt fort, noch begründen sie eigenständige Pflichten mit unterverfassungsrechtlichem Rang. Vielmehr kann man aufgrund der verfassungsrechtlichen Regelung der gliedstaatlichen Beziehungen der Bundesländer untereinander davon ausgehen, daß sie *dem Grunde nach* schon in dem ungeschriebenen Verfassungsgrundsatz des *bundesfreundlichen Verhaltens* angelegt sind und im Wege der analogen Heranziehung völkerrechtlicher Abgrenzungsprinzipien lediglich *inhaltlich konkretisiert* werden. Diese Konkretisierung des sog. Grundsatzes der Bundestreue mit Hilfe entsprechend angewendeten Völkerrechts geht von der besonderen Bedeutung dieses Grundsatzes für das Zwischenländerverhältnis aus. Sie unterscheidet sich von der üblichen Analogie dadurch, daß sie nicht einen neuen Obersatz zur Füllung einer Regelungslücke schafft, sondern einem vorhandenen Verfassungsgrundsatz für einen bestimmten Anwendungsfall einen besonderen, materiellen Inhalt gibt. An die Stelle der herkömmlichen, konkretisierenden Interpretation dieses Verfassungsgrundsatzes tritt also seine inhaltliche Ausfüllung durch ein Regelungsmodell, das sich im Völkerrecht in einem ähnlichen Problembereich als sachgerecht erwiesen hat. Dabei wird die im Völkerrecht als sinnvoll erkannte Verknüpfung von materiellen Abgrenzungsnormen mit einer Verhandlungs- und Kooperationspflicht auch im Zwischenländerverhältnis beibehalten.

Durch diese materielle Ausfüllung der im Grundsatz der Bundestreue wurzelnden Verhandlungs- und Kooperationspflicht wird aber nicht ein bestimmter, für eine einfache Deduktion geeigneter Obersatz geschaffen, aus dem die eine oder andere Abgrenzungsmethode als verbindlich vorgeschrieben herzuleiten wäre. Es liegt in der Natur der Sache, daß auch ein in der dargestellten Weise inhaltlich konkretisierter Grundsatz der Bundestreue nicht mehr leisten kann, als die ihn ausfüllenden, entsprechend anwendbaren Völkerrechtssätze. Die beteiligten Bundesländer, bzw. ein möglicherweise mit der Abgrenzungsfrage befaßtes Gericht, sind auf einen argumentativ wertenden, offenen Rechtsfindungsvorgang verwiesen, in welchem die einzelnen Abgrenzungsmethoden und die besonderen geographischen und sonstigen Gesichtspunkte als Topoi mit unterschiedlichem Gewicht zu berücksichtigen sind. Die Komplexität aller möglichen Abgrenzungsprobleme zwischen seitlich aneinandergrenzenden Gebieten läßt sich also weder im Seerecht noch im Zwischenländerrecht so reduzieren, daß eine einzige Abgrenzungsregel ausreichen würde, für alle in Betracht kommenden Fälle eine gerechte Grenzlinie zu gewinnen. Deshalb kann das Recht nicht mehr bieten, als eine funktionale Verbindung der verschiedenen materiellen Abgrenzungsmethoden mit der Verhandlungs- bzw. Kooperationspflicht. Der Zweck dieser Verbindung besteht darin, die im Einzelfall geeignetsten Methoden und sonstigen Gesichtspunkte in einem diskursiven Verfahren zu einer dem jeweiligen Fall angemessenen Abgrenzungsregel aufzubereiten.

VII. Zusammenfassung

1. Die praktischen Ergebnisse dieser Untersuchung der verschiedenen Grenzprobleme im Bereich der Elbemündung und der Deutschen Bucht lassen sich wie folgt zusammenfassen:

Erstens, in der *Niederelbe* existiert zwischen Schleswig-Holstein und Niedersachsen auch in den streitigen Grenzabschnitten von der Ostemündung bis Cuxhaven-Döse eine Landesgrenze. Die Grenzlinie folgt der ehemaligen preußischen Provinzgrenze in ihrem in der Gemarkungsurkarte Elbemündung 1878 festgelegten Verlauf. Es handelt sich um eine Brechpunktgrenze.

Zweitens, seewärts der Verbindungslinie zwischen der Kugelbake bei Cuxhaven-Döse und der westlichen Deichkante des Dieksander Kooges ist die Landesgrenze noch nicht festgelegt. Das *Wattenmeer* zur rechten Hand der Außenelbe gehört zu Schleswig-Holstein; zur linken Hand gehört es zu Niedersachsen bzw. Hamburg (Exklave Neuwerker und Scharhörner Watt). Dementsprechend muß die zukünftige Grenzlinie im Strom der *Außenelbe* verlaufen. Unter den besonderen Umständen des Stromes im Wattenmeer ist in der Außenelbe die Mittellinie der Hauptschiffahrtsrinne (Talweglinie) als Landesgrenze anzusehen, sofern die Bundesländer nicht eine andere Grenzlinie vereinbaren. Die Außenelbe-Grenze endet an der Basislinie vor der Elbemündung.

Drittens, bei einer Grenzziehung im *Küstenmeer* und auf dem *Festlandsockel* ist das Äquidistanzprinzip anzuwenden. Die Länder können für die laterale Küstenmeerabgrenzung auch eine andere Abgrenzungsmethode vereinbaren. Für die Bestimmung der Zuständigkeitsgrenzen auf dem Festlandsockel ist das Äquidistanzprinzip jedoch bundesgesetzlich vorgesehen. Wo die geographischen Verhältnisse dies erforderlich machen (Basislinienknick, Insel Helgoland, sog. Entenschnabel), sind die Abgrenzungsprinzipien des internationalen öffentlichen Seerechts im Analogiewege ergänzend heranzuziehen.

Viertens, als Verfahren unterliegt *jede Grenzziehung* im Zwischenländerverhältnis gemäß dem Grundsatz der Bundestreue einem verfassungsrechtlichen Verhandlungs- und Kooperationsgebot.

2. Die rechtliche Problemlage läßt sich in genereller Form folgendermaßen zusammenfassen:

Das insgesamt nur unvollkommen entwickelte *Zwischenländerrecht* ist auch hinsichtlich der Festlegung von Ländergrenzen unvollständig und lückenhaft. Dabei sind insbesondere die Fragen der Abgrenzung und der Gebietshoheit der Länder für die Zwischenländerbeziehungen im Bundesstaat exemplarisch, weil sie Grundvoraussetzungen der Existenz von Ländern berühren und mangels höherrangiger Bestimmungen nur von diesen selbst durch gemeinsames Zusammenwirken geregelt werden können. Ein Hauptproblem dieser unvollkommenen Teilrechtsordnung besteht gewöhnlich, wie auch hier, in einer Ausfüllung ihrer Lücken und Ergänzung ihrer Prinzipien und Regeln. Dieses Problem ist grundsätzlich sowohl durch die Kontinuität überkommener Normen als auch durch einen (systematischen oder analogen) Rückgriff auf Prinzipien und Regeln anderer, inner- oder zwischenstaatlicher Rechtsordnungen zu lösen. Mit den Fragen einerseits nach der Bedeutung der Geschichte für das Zwischenländerrecht bzw. dessen eigener Geschichtlichkeit und andererseits nach seiner Dogmatik sind die beiden wissenschaftlichen Leitfragen dieser Untersuchung genannt. Ihre in den vorstehenden Kapiteln auf die einzelnen Grenzprobleme bezogenen Teilantworten sollen abschließend etwas allgemeiner zusammengefaßt werden.

3. Die Bedeutung der *Geschichte* für das Zwischenländerrecht und dessen *Geschichtlichkeit* werden im Zusammenhang der vorliegenden Abgrenzungsprobleme auf verschiedene Weise sichtbar. Die Verfassungsgeschichte im weitesten Sinne, d. h. die historische Erfassung der Entwicklung der staats- und verfassungsrechtlichen Verhältnisse der beteiligten Staaten bzw. Länder, enthält gewisse Antworten auf bestimmte Fragen nach den normativen Rahmenbedingungen und vermag einzelne Sonderentwicklungen zu erklären. Als ein Beispiel wäre an erster Stelle die im II. Kapitel behandelte Entwicklung der Niederelbe als ein Grenzfluß und Strom des Reiches zu erwähnen, der mit dem Niedergang der kaiserlichen Macht allmählich unter die Territorialhoheit der Anrainerstaaten geraten ist. Die Besonderheit, daß Hamburg als „Oberlieger" mit einer Exklave an der Flußmündung bestimmte Nutzungsrechte feudalrechtlichen Ursprungs (die sog. Elbehoheit) am Fluß besaß, vermag einen Hinweis darauf zu geben, warum in der Niederelbe im Gegensatz etwa zur Oberelbe erst in der zweiten Hälfte des 19. Jahrhunderts eine Grenzvereinbarung geschlossen worden ist. Wie im III. Kapitel gezeigt, wurde eine Grenzlinie erst nach der preußischen Annexion Schleswig-Holsteins und Hannovers von 1866/67 geschaffen, und zwar unsprünglich aus Anlaß von Grundsteuervermessungen in den neuen Provinzen. In diesem Zusammenhang läßt sich aus historischer Sicht z. B. auch auf die im VI. Kapitel behandelte Tatsache hinweisen, daß die Notwendigkeit zur Abgrenzung der Länderzuständigkeiten auf dem Festlandsockel überhaupt erst mit der wissenschaftlich-technischen Erschließung dieser Meeres-

zone in den Bereich der Möglichkeiten geraten ist und tatsächlich erst mit der Entdeckung einer Lagerstätte auf dem deutschen Festlandsockel erforderlich wurde.

Die Erkenntnis, daß die jeweiligen, tatsächlichen Umstände die Regelungsbedürftigkeit und zugleich auch die Art und Weise der getroffenen rechtlichen Regelung bestimmen, beinhaltet aber schon einen generellen Aspekt der Geschichtlichkeit dieser Regelung. Ein weiterer äußert sich in dem hier behandelten Zusammenhang in der Kontinuität der in der Niederelbe vorhandenen Grenzlinie. Im II. Kapitel wurde gezeigt, wie die preußische Provinzgrenze von 1878 im Jahre 1919 eine Ländergrenze, nach 1933 eine reine Verwaltungsgrenze und 1945 wiederum eine Ländergrenze wurde, ohne ihren Verlauf oder die diesen Verlauf bestimmenden Rechtsnormen zu verändern. Wie dort auch festgestellt worden ist, liegt der Grund dafür in der notwendigen Unterscheidung zwischen der Rechtskontinuität im engeren Sinne, welche die Weitergeltung der Grenzregelungen betrifft, und der Identität der Staatsordnung als solcher. Eine andere Frage brauchte angesichts des vorliegenden Sachverhalts aber nicht angeschnitten zu werden, nämlich jene nach der Rechtslage für den Fall, daß die Grenzregelungen (etwa ein alter Vertrag oder, wie hier, innerstaatliche Bestimmungen) formell nicht mehr in Kraft sind. In einem solchen Fall ist statt der unwirksamen Grenzregelung der tatsächliche Gebietsbestand in den vorhandenen Grenzen ausschlaggebend. Denn das Recht schützt den Gebietsbestand unabhängig von der Gültigkeit der Grenzregelung. Aber auch eine formell nicht mehr gültige Grenzregelung kann noch als Beweis für die tatsächliche Existenz oder den räumlichen Umfang eines Hoheitsgebiets bzw. eines Grenzverlaufes dienen. In diesem tatsächlichen Sinne kann also auch eine ungültige Grenzregelung zur historischen Kontinuität der Grenze beitragen. Damit ist schließlich ein letzter Aspekt der Geschichtlichkeit des Zwischenländerrechts angesprochen. Wie im IV. Kapitel gezeigt worden ist, kann die schleswigholsteinische Gebietshoheit im Wattenmeer mangels formeller Grenzregelungen überhaupt nur durch den Nachweis einer ununterbrochenen und effektiven Hoheitsausübung bestimmt werden. In diesem Zusammenhang dient die geschichtliche Entwicklung also als materieller Beweis für die Gebietshoheit und damit als Begründung von Hoheitsansprüchen.

Schon diese wenigen Beispiele zeigen die vielfältige Bedeutung der Geschichte für das Zwischenländerrecht. Als unvollkommene Teilrechtsordnung ist dieses eher stärker auf einen ergänzenden Rückgriff auf historische Fakten und die Kontinuität seiner Prinzipien und Regeln angewiesen, als eine hochentwickelte Rechtsordnung. Die Geschichte hilft einerseits, die Regelungsbedingungen und damit die Normen selbst zu verstehen, und andererseits dient sie dem Nachweis von Gebietsansprüchen. Die Geschichtlichkeit der einzelnen Normen des Zwischenländerrechts tritt paradoxerweise in ihrer rechtlichen und tatsächlichen Kontinuität in Erscheinung.

4. Das Hauptziel dieser Untersuchung der Grenzprobleme in der Elbemündung und der Deutschen Bucht bestand selbstverständlich nicht in einer systematischen Auseinandersetzung mit der *Dogmatik* des Zwischenländerrechts. Dennoch bieten die Ausführungen in verschiedenen Kapiteln Anlaß zu einigen grundsätzlichen dogmatischen Anmerkungen. Dabei ist zwischen allgemeinen und besonderen, aus der speziellen Abgrenzungsproblematik erwachsenden Fragen zu unterscheiden. Begrifflich ist zunächst der Unterschied zwischen rechtlichen Abgrenzungs*normen* und außerrechtlichen Abgrenzungs*methoden* zu beachten. Die Abgrenzungsnormen bestimmen in der Form allgemeiner Prinzipien oder detaillierter Regeln die rechtlichen Anwendungsvoraussetzungen und -modalitäten für die technischen Abgrenzungsmethoden. Nicht selten ist allerdings auf der nationalen, wie auch auf der internationalen Ebene eine undifferenzierte Anwendung der Begriffe „Prinzip" und „Regel" anzutreffen, die nicht zwischen ihrer rechtlichen und ihrer technischen Bedeutung unterscheidet. Dies trägt nicht unerheblich zu der in Abgrenzungsfragen recht verbreiteten Begriffsverwirrung bei. So spricht z. B. auch § 137 Abs. 1 BBergG vom „Äquidistanzprinzip", obwohl offenbar nur die Äquidistanzmethode gemeint ist.

Ein besonderes dogmatisches Problem erwächst aus der komplexen rechtlichen Natur der Abgrenzung selbst. Diese ist ein mehrstufiges Verfahren zwischen mindestens zwei Parteien, in welchem bestimmte materielle Abgrenzungsregeln angewendet werden. Zur Sicherung und Gewährleistung dieses Verfahrens unterliegen die Beteiligten bestimmten Verhandlungs- und Kooperationspflichten, welche u. U. auch einer gemeinsamen Festlegung der anzuwendenden Abgrenzungsmethoden dienen. Das Problem liegt nun darin, das Verhältnis der materiellen Abgrenzungsnormen zu den erwähnten verfahrensbestimmenden Pflichten dogmatisch zu erfassen. Das internationale Flußrecht wird von den materiellen Abgrenzungsregeln beherrscht, die als „präsumptive", d. h. subsidiäre Auffangregeln auftreten, während die erwähnten Pflichten als nachbarrechtliche Pflichten daneben praktisch eine untergeordnete, die Abgrenzungsregeln allenfalls ergänzende Rolle spielen. Der Grund dafür liegt offenbar in der längeren, bis ins römische Recht zurückreichenden Entwicklung flußrechtlicher Abgrenzungsregeln und insbesondere in der durch die geographischen Verhältnisse von Grenzflüssen beschränkte Zahl der Abgrenzungsmöglichkeiten. Die historisch jüngeren Abgrenzungsnormen des Seerechts hingegen, das eine kaum übersehbare Zahl geographischer und anderer Faktoren berücksichtigen muß, schreiben keine bestimmte Abgrenzungsmethode vor. Sie stehen aber in einer untrennbaren, sich wechselseitig bedingenden Verbindung mit den verfahrensbestimmenden Pflichten. Man kann also feststellen, daß die verfahrensbestimmenden Pflichten eine um so größere Rolle spielen, je geringer die materiellen Abgrenzungsregeln entwickelt sind. Es spricht einiges dafür, daß diese Erkenntnis nicht nur auf den Bereich der Abgrenzung und auch nicht auf die zwischenstaatliche Ebene beschränkt ist. Sie trifft im innerstaatlichen Recht etwa auch auf das Verfassungsrecht und insbesondere auf das unvollkommen entwickelte Zwischenländerrecht zu, welches insgesamt unter dem verfassungsrechtlichen Grundsatz der Bundestreue steht, der den Bundesländern in gemeinsamen Angelegenheiten ein Zusammenwirken nach Treu und Glauben vorschreibt. Die funktionale Verbindung von materiellen Regeln und Verfahrensgrundsätzen ist eine allgemeine Erscheinung des öffentlichen Rechts, die in einer unterentwickelten Rechtsordnung, aber auch bei besonders komplizierten Regelungsgegenständen, wie etwa einer Abgrenzung mariner Räume, eine große Bedeutung hat.

Ferner hat die Untersuchung gezeigt, daß diese Verbindung der materiellen Regeln mit Verfahrensgrundsätzen nicht das einzige Mittel zur Bewältigung von Regelungsproblemen in einer unvollkommenen und lückenhaften Teilrechtsordnung wie dem Zwischenländerrecht ist. Ein anderes ist die Analogie, hier insbesondere in der Form eines analogen Rückgriffs auf das strukturgleiche Völkerrecht, aber auch auf entsprechende bundesgesetzliche Bestimmungen. Der dabei verwendete Analogiebegriff wurde eingehend im 3. Abschnitt des V. Kapitels behandelt. In dogmatischer Hinsicht stellt sich hier nun die Frage nach dem Verhältnis der systematischen Rechtsanwendung zu einer Rechtsergänzung im Wege der Analogie. Sie scheint auf den ersten Blick banal zu sein, denn nach den auch hier nicht bezweifelten allgemeinen Grundsätzen der juristischen Methodenlehre kommt eine Analogie nur in Betracht, wenn das unmittelbar anwendbare Recht den betreffenden Sachverhalt nicht regelt. Im Zwischenländerrecht werden zur Vermeidung einer Regelungslücke gewöhnlich allgemeine Verfassungsprinzipien angewendet, wenn eine vertragliche Vereinbarung der Länder oder eine bundesgesetzliche Norm nicht vorliegen. Am Beispiel der vorliegenden Abgrenzungsproblematik ist aber deutlich geworden, daß die Lückenfüllung und die Ergänzung von Normen im Zwischenländerrecht im Einzelfall komplizierte hermeneutische Vorgänge sind, die sich keineswegs auf die Anwendung höherrangiger Prinzipien beschränken. Als Beispiel sei hier die im 4. Abschnitt des VI. Kapitels erwähnte, inhaltliche Konkretisierung des Grundsatzes der Bundestreue durch einen analogen Rückgriff auf die für die seerechtliche Abgrenzung entwickelten Verhandlungs- und Kooperationspflichten genannt. Ein anderes Beispiel bietet der im 2. Abschnitt desselben Kapitels behandelte ergänzende Rückgriff auf seerechtliche Abgrenzungsprinzipien und -regeln bei einer Anwendung des für die Länderzuständigkeiten auf dem Festlandsockel bundesgesetzlich vorgeschriebenen Äquidistanzprinzips.

5. Zusammenfassend läßt sich also festhalten, daß die Ausfüllung von Lücken im Zwischenländerrecht und die Konkretisierung und Ergänzung seiner Prinzipien und Regeln nach der hier vorgelegten Untersuchung auf vier verschiedenen Wegen erfolgt: Erstens, durch eine Anwendung ranghöherer Normen des Verfassungs- oder Bundesrechts. Zweitens, durch Berücksichtigung historischer Tatbestände oder die Anwendung überkommener Grundsätze und Regeln. Drittens, durch eine sich gegenseitig bedingende Verbindung von materiellen und Verfahrensgrundsätzen. Viertens, durch eine nicht nur lückenfüllende, sondern auch konkretisierende und normenergänzende Analogie, die u. a. auch Normen aus dem strukturähnlichen Völkerrecht berücksichtigt. Das höherrangige Recht und die überkommenen Normen gehören dabei zu den primären Rechtsquellen des Zwischenländerrechts, während die Verbindung von materiellem und Verfahrensrecht sowie die Analogie nur ein zusätzliches Hilfsmittel für die Gewinnung und Konkretisierung von Prinzipien und Regeln bilden, weil sie nur im Zusammenhang mit bereits vorhandenen Normen auftreten.

Eine umfassende Dogmatik des Zwischenländerrechts müßte zum einen aber sämtliche Rechtsquellen dieser Teilrechtsordnung umfassen, also insbesondere auch die Zwischenländerverträge als dessen wohl wichtigste Quelle, die bei den vorstehend behandelten Problemen der Grenzziehung in der Elbemündung und der Deutschen Bucht keine Rolle spielten. Ferner wäre neben der Anwendung überkommener Normen auch die Möglichkeit originären Gewohnheitsrechts im Zwischenländerverhältnis zu prüfen, wie es sich etwa in den ungeschriebenen Regeln des Vertragsschlusses äußern kann. Zum anderen müßte eine systematische Dogmatik des Zwischenländerrechts auch das Verhältnis aller Quellen zueinander untersuchen, wie es etwa von der völkerrechtlichen Quellenlehre her bekannt ist. In diesem Sinne sind die hier vorgelegten Untersuchungen lediglich Vorstudien zu einer Dogmatik des Zwischenländerrechts.

Publikationen des Instituts für Internationales Recht an der Universität Kiel

A. Jahrbuch für Internationales Recht
German Yearbook of International Law (ab Band 19)
Verlag: Duncker & Humblot (ab Band 17).

Die früheren Bände sind im Verlag Vandenhoeck & Ruprecht, Göttingen, erschienen.

Bd. 12	629 S.	1965	75,— DM	Bd. 18	574 S.	1975	138,— DM
Bd. 13	617 S.	1967	85,— DM	Bd. 19	557 S.	1976	148,— DM
Bd. 14	645 S.	1969	85,— DM	Bd. 20	569 S.	1977	148,— DM
Bd. 15	971 S.	1971	95,— DM	Bd. 21	579 S.	1978	158,— DM
Bd. 16	571 S.	1973	128,— DM	Bd. 22	581 S.	1979	168,— DM
Bd. 17	517 S.	1974	128,— DM	Bd. 23	597 S.	1980	178,— DM

Bd. 24 566 S. 1981 178,— DM

B. Veröffentlichungen des Instituts für Internationales Recht
Verlag: Duncker & Humblot, Berlin (ab Band 73).

Die früheren, hier aufgeführten Bände sind im Hansischen Gildenverlag, Hamburg, erschienen. Über die unten nicht aufgeführten Bände geben die Verlage und das Institut Auskunft.

40. Karl-Heinrich Buhse, Der Schutz von Kulturgut im Krieg. 1959. 150 S. 16,40 DM.

41. Wolfgang Pigorsch, Die Einordnung völkerrechtlicher Normen in das Recht der Bundesrepublik Deutschland. 1959. VI, 135 S. 14,80 DM.

42. Wolfgang Birke, Die Konfiskation ausländischer Privatvermögen im Hoheitsbereich des konfiszierenden Staates nach Friedensvölkerrecht. 1960. XVI, 214 S. 28,— DM.

43. Völkerrecht, Lehrbuch der Akademie der Wissenschaften der UdSSR (1957). Übersetzt von Prof. Dr. Schultz, Göttingen. Vorwort von Prof. Dr. E. Menzel, Kiel. 1960. XXVIII, 492 S. und 7 Tabellen. 38,— DM, Ln. 44,— DM.

44. Hans-Hinrich Biehl, Minderheitenschulrecht in Nord- und Südschleswig. 1960. VIII, 131 S. und 1 Tabelle. 14,80 DM.

45. Peter Becker, Der Einfluß des französischen Verwaltungsrechts auf den Rechtsschutz in den europäischen Gemeinschaften. 1963. XII, 148 S. 19,80 DM.

46. Hans W. Baade, Das Verhältnis von Parlament und Regierung im Bereich der Auswärtigen Gewalt der Bundesrepublik Deutschland. 1962. 247 S. 30,— DM.

47. Dietrich Rauschning, Das Schicksal völkerrechtlicher Verträge bei der Änderung des Status ihrer Partner. 1963. XIV, 264 S. 36,— DM.

48. Jürgen Schilling, Völkerrecht und staatliches Recht in Frankreich. 1964. X, 176 S. 26,— DM.

49. Uwe Lüthje, Die Theorie des Contrat Administratif im französischen Verwaltungsrecht. 1964. X, 142 S. 19,— DM.

50. Walter Wiese, Der Kampf um das Bricker-Amendment. Eine Studie über Abschluß und Stellung völkerrechtlicher Abkommen im Verfassungssystem der Vereinigten Staaten. 1965. XII, 231 S. 32,— DM.

51. 50 Jahre Institut für Internationales Recht an der Universität Kiel. Festakt am 12. 11. 1964 und Wissenschaftliche Kolloquien mit Referaten von Max Sørensen, Ulrich Scheuner, Paul Guggenheim, Konrad Zweigert. Lebensbilder und Bibliographien von Theodor Niemeyer, Walter Schücking, Hermann v. Mangoldt. 1965. 242 S. 30,— DM.

52. Dieter Feddersen, Die Rolle der Volksvertretungen in der Deutschen Demokratischen Republik. 1965. 235 S. 29,80 DM.

53. Wolfgang Clausen, Die Staatwerdung Ghanas. 1966. XII, 196 S. 28,— DM.

54. Fritz Fischer, Die institutionalisierte Vertretung der Verbände in der Europäischen Wirtschaftsgemeinschaft. 1965. 208 S. 26,— DM.

55. Wolfgang Wiesner, Der Widerruf individueller Entscheidungen der Hohen Behörde der EGKS. 1966. 128 S. 18,50 DM.

56. Volker Langbein, Die rechtliche Regelung des Lobbyismus in den Vereinigten Staaten. 1967. 181 S. 23,— DM.

57. Knut Ipsen, Rechtsgrundlagen und Institutionalisierung der atlantisch-westeuropäischen Verteidigung. 1967. 223 S. 28,50 DM.

58. Thomas Harms, Die Rechtsstellung der Abgeordneten in der Beratenden Versammlung des Europarates und im Europäischen Parlament. 1968. 173 S. 25,— DM.

59. Drei sowjetische Beiträge zur Völkerrechtslehre. G. I. Tunkin, Grundlagen des modernen Völkerrechts (1956); D. B. Lewin, Grundprobleme des modernen Völkerrechts (1958); G. I. Tunkin, Der ideologische Kampf um das Völkerrecht (1967). Übersetzt von Dr. Rossbacher, Dr. Frenzke, Dr. Rodingen. Einführung von Prof. Dr. E. Menzel. 1969. XL. 480 S. 68,— DM.

60. Sigrid Kunze, Wahlkosten und Wahlchancengleichheit bei den Unterhauswahlen in Großbritannien. 1968. 147 S. 20,— DM.

61. Klaus Stahl, Die Sicherung der Grundfreiheiten im öffentlichen Recht der Fünften Französischen Republik. 1970. XV, 337 S. 44,— DM.

62. Gerhard Kutzner, Die Organisation der Amerikanischen Staaten (OAS). 1970. 400 S. 48,— DM.

63. Sigmar-Jürgen Samwer, Die französische Erklärung der Menschen- und Bürgerrechte von 1789/91. Ihre Entstehungsgeschichte und ihre Herkunft. 1970. XI, 422 S. 48,— DM.

64. Die Nutzung des Meeresgrundes außerhalb des Festlandsockels (Tiefsee). Vorträge und Diskussionen eines Symposiums, veranstaltet vom Institut für Internationales Recht an der Universität Kiel vom 26. — 28. März 1969. 1970 257 S. 29,— DM.

65. Lothar Schöppe, Neue Konkordate und konkordatäre Vereinbarungen, Abschlüsse in den Jahren 1964 bis 1969. Nachtrag zu „Konkordate seit 1800", Frankfurt a. M./Berlin 1964. 1970. 231 S. 28,— DM.

66. Ostverträge, Berlin-Status, Münchener Abkommen, Beziehungen zwischen der BRD und der DDR. Vorträge und Diskussionen eines Symposiums, veranstaltet vom Institut für Internationales Recht an der Universität Kiel vom 27.—29. März 1971. 1971. 361 S. 38,— DM.

67. Niels Brandt, Das Interamerikanische Friedenssystem, Idee und Wirklichkeit. 1972. 522 S. 52,— DM.

68. Rüdiger Pernice, Die Sicherung des Weltfriedens durch Regionale Organisationen und die Vereinten Nationen. 1972. 178 S. 25,— DM.

69. Ondolf Rojahn, Die Ansprüche der lateinamerikanischen Staaten auf Fischereivorrechte jenseits der Zwölfmeilengrenze. 1972. 308 S. 37,— DM.

70. Bodo Richter, Völkerrecht, Außenpolitik und internationale Verwaltung bei Lorenz von Stein. 1973. 257 S. 35,— DM.

71. Beiträge zur Weiterentwicklung des humanitären Völkerrechts für bewaffnete Konflikte. Hrsg. von Dieter Fleck in Zusammenarbeit mit Michael Bothe, Kay Hailbronner, Knut Ipsen. 1973. XVI, 216 S. 35,— DM.

72. Ulrich Thieme, Rundfunksatelliten und internationales Recht — Eine neue Kommunikationstechnik und ihre weltweiten rechtlichen Auswirkungen. 1973. 117 S. 19,50 DM.

73. Die Vereinten Nationen im Wandel, Referate und Diskussionen eines Symposiums „Entwicklungslinien der Praxis der Vereinten Nationen in völkerrechtlicher Sicht", veranstaltet vom Institut für Internationales Recht an der Universität Kiel vom 20.—23. November 1974. 1975. 262 S. 68,— DM.

74. Eibe H. Riedel, Kontrolle der Verwaltung im englischen Rechtssystem. 1976. 312 S. 76,— DM.

75. Wulf Hermann, Das Rundfunkrecht in den nordischen Staaten. 1976. 150 S. 48,— DM.

76. Abschreckung und Entspannung. Fünfundzwanzig Jahre Sicherheitspolitik zwischen bipolarer Konfrontation und begrenzter Kooperation. 1977. XII, 897 S. 178,— DM.

77. Joachim Wege, Positives Recht und sozialer Wandel im demokratischen und sozialen Rechtsstaat. 1977. 346 S. 86,— DM.

78. Deutsch-Amerikanisches Verfassungsrechtssymposium 1976 / American-German Bicentennial Symposium on Constitutional Law: Pressefreiheit / Freedom of the Press — Finanzverfassung im Bundesstaat / Financial Powers in the Federal System. 1978. 256 S. 56,— DM.

79. Völkerrecht und internationale wirtschaftliche Zusammenarbeit. Referate und Diskussionen eines Symposiums, veranstaltet vom Institut für Internationales Recht an der Universität Kiel vom 9.-10. Dezember 1976. 1978. 262 S. 68,— DM.

80. Wilhelm A. Kewenig, Zu Inhalt und Grenzen der Rundfunkfreiheit. 1978. 149 S. 58,— DM.

81. Siegfried Magiera, Parlament und Staatsleitung in der Verfassungsordnung des Grundgesetzes. 1979. 359 S. 98,— DM.

82. Völkerrecht und Kriegsverhütung — Zur Entwicklung des Völkerrechts als Recht friedenssichernden Wandels. Referate, Berichte und Diskussionen eines Symposiums, veranstaltet vom Institut für Internationales Recht an der Universität Kiel vom 22.—24. November 1978. 1979. 305 S. 75,— DM.

83. Wolfgang Hoffmann-Riem, Wilhelm A. Kewenig, Ingo von Münch, Thilo Ramm, Die Kündigung des NDR-Staatsvertrages, Voraussetzungen und Folgen. 1980. 235 S. 96,— DM.

84. André Thomashausen, Verfassung und Verfassungswirklichkeit im neuen Portugal. 1981. 508 S. 148,— DM.

85. Ulrich Scheuner, Das Grundrecht der Rundfunkfreiheit. 1982. 99 S. 38,— DM.

C. Studien aus dem Institut für Internationales Recht.
Verlag: Duncker & Humblot, Berlin.

1. Eberhard Ott, Die Weltorganisation für Meteorologie (WMO). 1976, XIII, 174 S. 56,— DM.

2. Gerd-Rudolf Wehling, Die politischen Parteien im Verfassungssystem Israels. 1977. XVI, 238 S. 66,— DM.

3. Klaus Junker, Anlegerschutz im Recht des amerikanischen stock-broker. 1977. XVII, 233 S. 68,— DM.

4. Friedrich Leffler, Das Heuerverhältnis auf ausgeflaggten deutschen Schiffen. 1978. XIX, 492 S. 96,— DM.
5. Bibliographie des Deutschen Schrifttums zum internationalen und ausländischen Privatrecht 1945—1970. Bearb. von Peter Soyke und Eckart Wehser. 1978. XXXIX, 616 S. 56,— DM.
6. Hans Jürgen Wildberg, Die Internationale Meeresbodenbehörde (ISA). 1979. 144 S. 42,— DM.
7. Eberhard Eyl, Das ordentliche Haushalts- und Finanzwesen der UNESCO. 1979. 291 S. 78,— DM.
8. Brigitte Namgalies, Das französische Arbeitsunfallrecht. Eine Darstellung mit rechtsvergleichenden Hinweisen zum deutschen Arbeitsunfallrecht. 1981. 208 S. 68,— DM.

D. Sammlung „Dokumente"

Verlag: Alfred Metzner Verlag, Frankfurt/M. — Berlin.

Diese Sammlung wird herausgegeben von der Forschungsstelle für Völkerrecht und ausländisches öffentliches Recht an der Universität Hamburg, dem Institut für Internationales Recht an der Universität Kiel und dem Institut für Völkerrecht der Universität Göttingen. Nachstehend werden nur die in Kiel bearbeiteten Bände angeführt.

Bd. 26. Hans W. Baade, Gesetzgebung zur Förderung ausländischer Kapitalanlagen. 1957. 89 S. 12,80 DM.

Bd. 29 Eberhard Jäckel, Die Schleswig-Frage seit 1945. 1959. 150 S. 19,80 DM.

Bd. 34. Günter B. Krause, Der Internationale Fernmeldeverein. 1960. 184 S. 24,— DM.

Bd. 35. Lothar Schöppe, Konkordate seit 1800. Originaltext und deutsche Übersetzung der geltenden Konkordate. 1964. XXXVII, 584 S. 68,— DM (Zur Fortsetzung vgl. unter B., Nr. 65).

Bd. 38. Hans-R. Krämer, Die Europäische Wirtschaftsgemeinschaft. Texte zur Entstehung und Ausführung. 1965. XI, 540 S. 68,— DM.

E. Parlamente und Parteien

Verlag: Athenäum-Verlag, Frankfurt/M.
Siehe auch unter C., Nr. 2.

Bd. 1. Wolf-Eberhard Ahrens, Immunität der Abgeordneten. 1970. 141 S. 28,— DM.

Bd. 2. Carl-August Conrad, Die politischen Parteien im Verfassungssystem der Schweiz. 1970. 202 S. 34,— DM.

Bd. 3. Siegfried Magiera, Die Vorwahlen (Primaries) in den Vereinigten Staaten, Demokratisierung von Wahlen und Parteien. 1971. 174 S. 38,— DM.

Bd. 4. Jürgen Hansen, Die Institution des Ombudsman. 1972. 188 S. 38,— DM.

Bd. 5. Rainer Lagoni, Die politischen Parteien im Verfassungssystem der Republik Irland. 1973. 271 S. 58,— DM.

F. Bibliographien

Verlag: Hansischer Gildenverlag, Hamburg
Siehe auch unter C., Nr. 5.

Bd. 1. Dietrich Rauschning, Bibliographie des deutschen Schrifttums zum Völkerrecht 1945—1964. 1966. 569 S. 40,— DM.

Bd. 2. Vladimir Ibler, Bibliographie des jugoslawischen Schrifttums zum Völkerrecht 1945—1964. 1970 XIX, 380 S. 30,— DM.

Bd. 3. Johannes R. Gascard, Bibliographie des deutschen Schrifttums (BRD) zum Völkerrecht 1965—1971. 1972. XLIV, 414 S. 35,— DM.

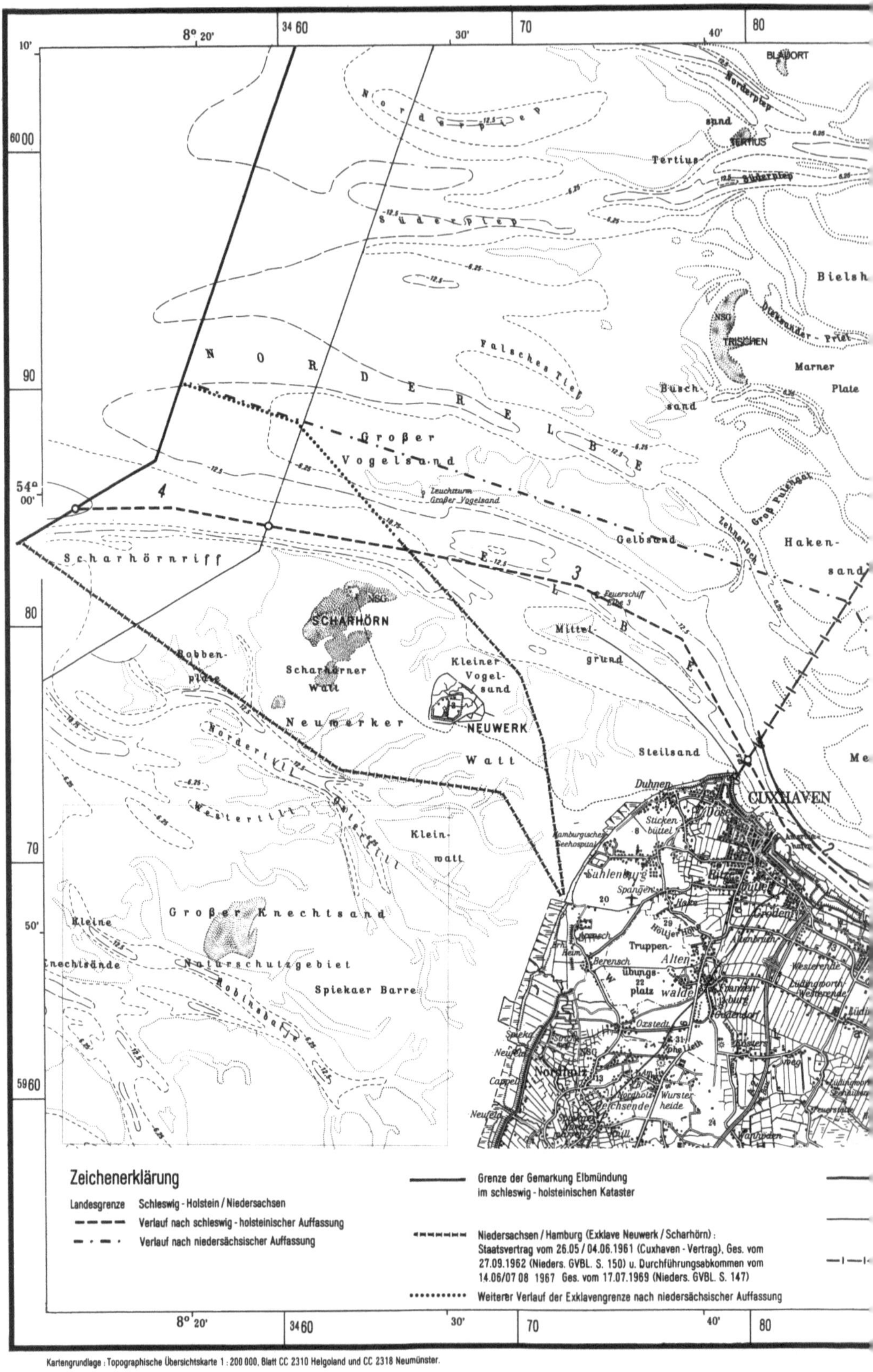

Kartengrundlage: Topographische Übersichtskarte 1 : 200 000, Blatt CC 2310 Helgoland und CC 2318 Neumünster.

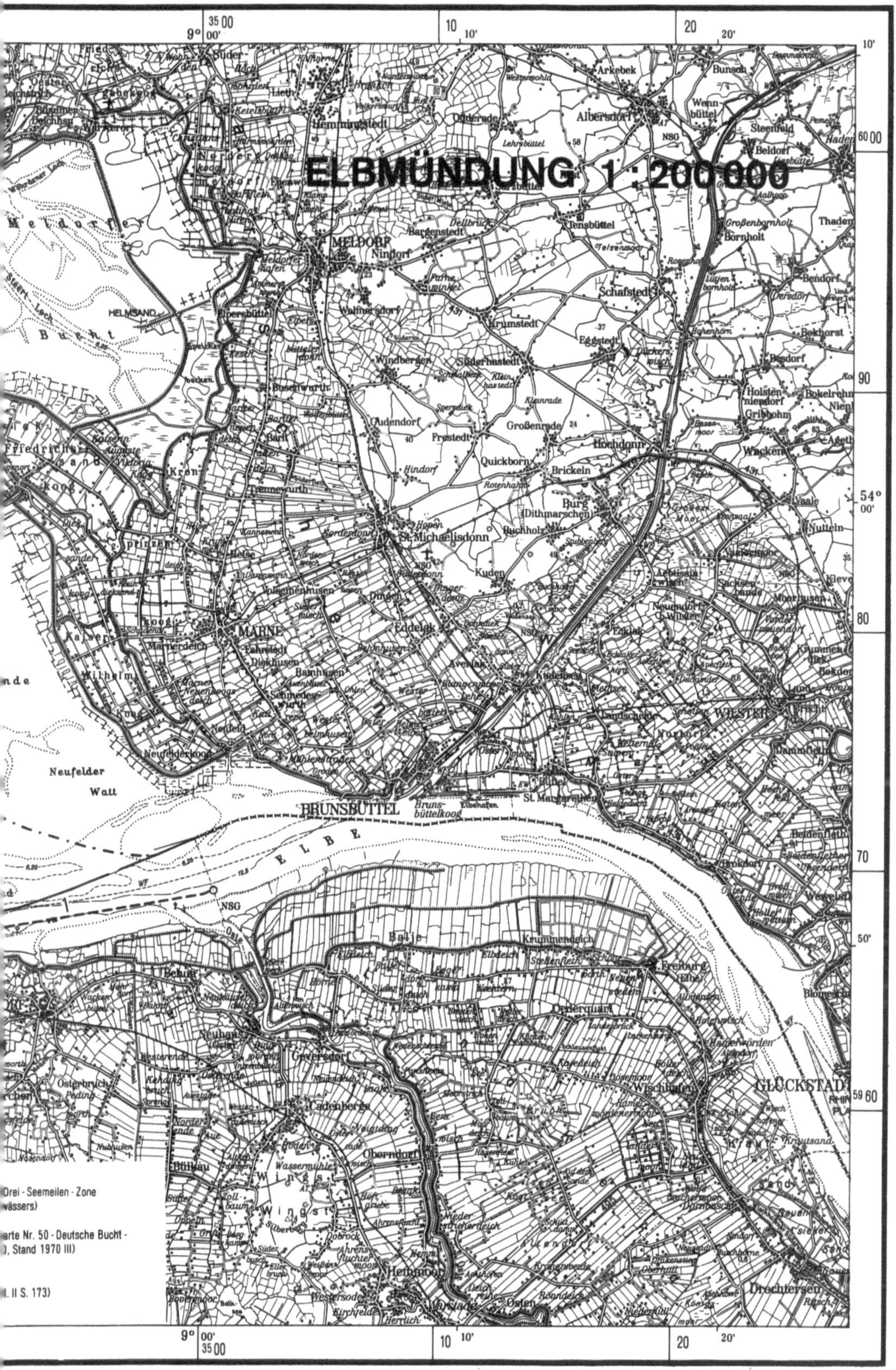

Mit Genehmigung des Instituts für Angewandte Geodäsie, 6000 Frankfurt am Main, Nr. 11/81 vom 26.2. 1981

Kolibri 360 GmbH
Ferdinand-Jühlke-Straße 7
99095 Erfurt, Deutschland
produktsicherheit@kolibri360.de

Druck:
CPI Druckdienstleistungen GmbH
im Auftrag der
Kolibri 360 GmbH
Ferdinand-Jühlke-Str. 7
99095 Erfurt